MULHER EMPREENDEDORA INDEPENDENTE

CARO(A) LEITOR(A),

Queremos saber sua opinião sobre nossos livros. Após a leitura, siga-nos no **linkedin.com/company/editora-gente**, no TikTok **@EditoraGente** e no Instagram **@editoragente** e visite-nos no site **www.editoragente.com.br**.

Cadastre-se e contribua com sugestões, críticas ou elogios.

MÁRCIA ALVES
PREFÁCIO DE LUIZA HELENA TRAJANO

MULHER EMPREENDEDORA INDEPENDENTE

Destrave a força empreendedora que existe em você e construa seu negócio de sucesso

Diretora
Rosely Boschini

Gerente Editorial Sênior
Rosângela de Araujo Pinheiro Barbosa

Editora
Audrya Oliveira

Assistente Editorial
Mariá Moritz Tomazoni

Produção Gráfica
Fábio Esteves

Assessoria de redação
Sissa Zoe

Preparação
Thaís Rimkus

Capa
Amanda Cestaro

Imagem de capa
Freepik

Projeto gráfico e diagramação
Mariana Ferreira

Revisão
Mariana Rimoli

Impressão
Assahi

Copyright © 2023 by Márcia Alves
Todos os direitos desta edição
são reservados à Editora Gente.
Rua Natingui, 379 – Vila Madalena
São Paulo, SP – CEP 05443-000
Telefone: (11) 3670-2500
Site: www.editoragente.com.br
E-mail: gente@editoragente.com.br

Todos os versículos bíblicos usados no livro foram padronizados segundo a Bíblia NVT.

Dados Internacionais de Catalogação na Publicação (CIP)
Angélica Ilacqua CRB-8/7057

Alves, Márcia
 Mulher empreendedora independente : destrave a força empreendedora que existe em você e construa seu negócio de sucesso / Márcia Alves. - São Paulo : Autoridade, 2023.
 176 p.

ISBN 978-65-88523-90-2

1. Desenvolvimento profissional 2. Empreendedorismo 3. Mulheres I. Título

23-5610   CDD 658.3

Índices para catálogo sistemático:
1. Desenvolvimento profissional

AO SE CONHECER A MÁRCIA ALVES, É POSSÍVEL PERCEBER A FORÇA DA NATUREZA QUE ELA CARREGA DENTRO DE SI. DETERMINADA, ELA TEM COMO MISSÃO INSTRUIR AS MULHERES A CONQUISTAREM NÃO APENAS A RENDA EXTRA, MAS A LIBERDADE EM TODAS AS SUAS ESFERAS. EMPRESÁRIA E GRANDE ADMINISTRADORA, NESTA OBRA ELA REDEFINE OS LIMITES DO SUCESSO PARA AS MULHERES E MOSTRA COMO PERCORRER O CAMINHO ATÉ O TÃO SONHADO SUCESSO.

EXEMPLO VIVO DE QUE O EMPREENDEDORISMO FEMININO É TRANSFORMADOR, MÁRCIA DESPERTA, AO LONGO DESTAS PÁGINAS, A EMPREENDEDORA QUE TODAS AS MULHERES CARREGAM CONSIGO, E ENSINA COMO ESSE DOM PODE SER A CHAVE PARA IMPULSIONAR A ECONOMIA E PROMOVER UM FUTURO MAIS JUSTO E MODERNO PARA TODOS. COMPARTILHANDO SEUS 36 ANOS DE EXPERIÊNCIA COMO EMPREENDEDORA, ELA NOS REVELANDO OS SEGREDOS DO SUCESSO E DA PROSPERIDADE PARA MULHERES DE TODOS OS PERFIS E CLASSES SOCIAIS E DESAFIA AS CRENÇAS LIMITANTES QUE MUITAS VEZES AS IMPEDEM DE DAR O PRIMEIRO PASSO EM DIREÇÃO AOS PRÓPRIOS NEGÓCIOS, ENSINANDO TUDO O QUE É NECESSÁRIO PARA INICIAR UM EMPREENDIMENTO BEM-SUCEDIDO.

COM UMA ABORDAGEM TRANSFORMADORA E EMOCIONANTE, *MULHER EMPREENDEDORA INDEPENDENTE* OFERECE UMA CHAMADA À AÇÃO PARA TODAS AS MULHERES, INCENTIVANDO A UNIÃO DA FORÇA FEMININA NO MUNDO DOS NEGÓCIOS. O LIVRO ENCORAJA AS LEITORAS A QUESTIONAREM: "QUEM VOCÊ SERIA SE NÃO TIVESSE AS LIMITAÇÕES QUE PENSA QUE TEM?" E ENTREGA TODAS AS FERRAMENTAS NECESSÁRIAS PARA QUE A LEITORA EFETIVAMENTE DESCUBRA A RESPOSTA.

ESTÁ NA HORA DE RESSIGNIFICAR SUA HISTÓRIA, ATIVAR A FORÇA QUE HABITA DENTRO DE SI E DESBLOQUEAR TODO O POTENCIAL QUE VOCÊ POSSUI PARA PROSPERAR E CONQUISTAR SEUS SONHOS.

ROSELY BOSCHINI – CEO E PUBLISHER DA EDITORA GENTE

Dedicatória

DEDICO ESTA OBRA LITERÁRIA A MEUS PAIS, QUE ME DERAM A VIDA – COM O SR. BATISTA APRENDI QUE A HONESTIDADE E A HUMILDADE SÃO VALORES INEGOCIÁVEIS; E DE DONA DORA HERDEI A FÉ EM DEUS, A GARRA DE VENCER E O DOM DE EMPREENDER.

À MINHA MÃE DE CRIAÇÃO, OLGA BEZERRA (*IN MEMORIAN*), QUE ME INCENTIVOU A ESTUDAR. "SEM ESTUDO VOCÊ NÃO É NINGUÉM, ESTUDE PARA SER E TER": OUVI POR MUITO TEMPO DESSA PESSOA, QUE, NOS MOMENTOS MAIS DIFÍCEIS, SEMPRE CHEGAVA COM A SOLUÇÃO MAIS COMPLETA. A MEUS FILHOS, PIGNATÁRIO DE ANDRADE FILHO E THÚLIA PENNÉLOPE DE OLIVEIRA ANDRADE, MEUS MAIORES TESOUROS, MEU COMBUSTÍVEL DIÁRIO, MEU AMOR INCONDICIONAL. AO MEU AMADO ESPOSO, DIÉRCIO VASCONCELOS GUERRA NETO, COMPANHEIRO DAS MINHAS AVENTURAS, APOIADOR DE TODOS MEUS PROJETOS E COM QUEM COMPARTILHO MINHA VIDA E MEUS SONHOS; O AMOR DA MINHA VIDA.

DEDICO ESTE LIVRO TAMBÉM A TODOS DA FAMÍLIA ROSA MASTER, DA CLÍNICA MINHA SAÚDE E MASTER DIGNA, QUE DÃO O SEU MELHOR E NOS TORNAM CADA VEZ MAIS REFERENCIADOS E CONSOLIDADOS NO MERCADO. A MEUS MENTORANDOS, QUE DIVIDEM COMIGO SUAS HISTÓRIAS DE VIDA PESSOAL E EMPRESARIAL; AOS MEUS SINCEROS E VERDADEIROS AMIGOS, E A TODOS QUE CONTRIBUÍRAM, DIRETA OU INDIRETAMENTE, NA JORNADA CHAMADA VIDA (SÃO TANTAS PESSOAS...).

Sumário

10   PREFÁCIO

14   INTRODUÇÃO

28   CAPÍTULO 1
         DIAS DE MARIA

44   CAPÍTULO 2
         MARIA DAS DORES

60   CAPÍTULO 3
         MARIA DAS APARECIDAS

78   CAPÍTULO 4
         MARIA DA ANUNCIAÇÃO

100   CAPÍTULO 5
         MARIA DA GLÓRIA

120   CAPÍTULO 6
         MARIA DAS GRAÇAS

134   CAPÍTULO 7
         MARIA MEI

Prefácio

Quando mulheres empreendem, o mundo se transforma. Não importa o tamanho do empreendimento – desde uma venda porta a porta de bolos de pote, uma mulher empoderada, com fonte de renda e autônoma impacta profundamente o seu meio, o que incluí a família, a comunidade e o país.

Quando olhamos para a história, enxergamos como trabalhar mudou completamente a realidade das mulheres, e ainda hoje é importante fomentar esse desejo por independência financeira, porque ele vem acompanhado da independência emocional, de uma conquista por mais segurança, mais saúde, e de maior prosperidade para a mulher e seus filhos.

Eu me deparo com casos lindos e inspiradores diariamente no Mulheres do Brasil, um grupo que vem transformando a vida de milhares de mulheres que se engajam em dezenas de causas que buscam transformar o Brasil por meio de políticas públicas.

Por isso, uma obra como *Mulher empreendedora independente*, que já no título levanta uma bandeira fortíssima de iniciativa feminina em prol do empreendedorismo feminino, me faz confiar mais ainda de que tudo o que fazemos em prol das mulheres deste país está gerando frutos maravilhosos.

Ao longo destas páginas, a autora Márcia Alves nos conduz a uma jornada profunda e transformadora, que vai além do teórico. Recheado de atividades de autoconhecimento e insights que direcionam a leitora para a construção de um negócio sustentável e de resultado, este livro abre as portas dos mercados para todas que sentem pulsar fortemente o chamado para uma vida de maior protagonismo.

Aqui você não apenas aprenderá a criar e administrar um negócio de sucesso, mas também a explorar sua própria identidade empreendedora e a liberar todo o potencial que reside dentro de você.

A autora convida suas leitoras a iniciarem a jornada de empreendedora com a sua orientação, uma experiente empresária e mentora, para trilhar um caminho de sucesso e realização.

Faça deste livro o seu guia para externalizar tudo o que está pulsando em seu interior.

Luiza Helena Trajano – presidente do conselho do Magazine Luiza e do Grupo do Mulheres do Brasil

Introdução

MARIA JOSÉ. Ó, MARIA JOSÉ, TU NÃO TÁ ME OUVINDO CHAMAR, NÃO, MARIA? TU NÃO SABE QUE AQUI NÃO É LUGAR PRA TU FICAR AGORA? EM VEZ DE FICAR PERDENDO TEMPO DESENHANDO NOME, VÁ LÁ PRA FORA ARRANJAR O QUE FAZER. VÁ. TEM O PÁTIO PRA VARRER, TEM QUE LEVAR ÁGUA PRO BICHO. VAI, MENINA, VÊ SE TU ME AJUDA, MARIA JOSÉ.

(VIDA MARIA)

Em 2006, foi lançada *Vida Maria*, uma animação que narra o cotidiano de Maria José, uma garotinha de cinco anos que se encanta com o próprio nome, o qual acabou de aprender a escrever. Mas sua mãe, judiada pela vida, a obriga a parar de escrever para cuidar dos afazeres de casa e da lida na roça. Então surge uma sequência de quadro a quadro: a menina cresce, se casa, tem filhos e depois envelhece, repetindo a história da mãe. E o ciclo continua a se reproduzir na vida de todas as Marias: filhas, netas e bisnetas.

A história dessa Maria, a vida dessa mulher, poderia ter sido a minha ou a sua. Volte à citação no início do capítulo e me diga se você se identifica com ela: quantas vezes você deixou de ouvir alguém a chamar porque estava com a cabeça no tal "mundo da lua", lugar de sonhos tão altos que a maioria das pessoas nunca conseguiu alcançar? Quantas vezes lhe disseram que você não pertencia a determinado lugar? Quantas pessoas chamaram seus sonhos de "perda de tempo" e lhe indicaram arrumar um emprego de carteira assinada ou prestar algum concurso público em busca de estabilidade? E quantas já enumeraram atividades que sempre exerceram, de forma frustrada, dizendo que você devia fazer o mesmo?

Mesmo que você não se chame Maria, provavelmente tem alguma tia – ou talvez sua própria mãe –, sua madrinha ou uma prima (mesmo que distante) que carrega a força desse nome. Uma em todas. O que nos torna também uma só. Sim, somos todas Maria.

Muito mais que um nome, é uma força que nasce em cada uma de nós quando questionamos nosso potencial. Por exemplo, no escopo deste livro, quando penso "Eu, empresária?!" ou "Não levo jeito pra esse negócio de empreendedorismo", enquanto sinto algo queimar no coração.

Eu mesma não me chamo Maria, e sim Márcia. Márcia Tarciana Alves de Oliveira Guerra. Talvez meu sobrenome já prenunciasse o que eu enfrentaria na trajetória que percorri até aqui. Durante inúmeros capítulos de minha jornada, lutei sem imaginar onde pararia. Mas hoje escolho meus passos e meus destinos. Sou empresária, empreendedora, cofundadora da Rosa Master – empresa prestadora de serviços funerários – com sede em Timbaúba, Pernambuco, com mais de cinquenta filiais espalhadas pelo Nordeste do Brasil. Também sou cofundadora da Clínica Minha Saúde, palestrante, pintora e escritora. Sou membro do IBGC (Instituto Brasileiro de Governança Corporativa) e presidente da CDL (Câmara dos Dirigentes Lojistas) de Timbaúba, a única no Brasil que tem a diretoria formada 100% por mulheres. Por toda a minha experiência, sou também mentora de negócios para mulheres empreendedoras. Já ajudei na transformação de mais de 10 mil vidas.

Apesar de tudo isso, minha infância não foi diferente da de qualquer criança com pais separados. Até pouco tempo atrás, havia certo preconceito com as mulheres desquitadas e seus filhos), mas a maneira como respondi a essa condição, desde bem cedo, mudou minha trajetória, principalmente depois que completei oito anos, quando passei a empreender, sob a influência de minha mãe.

Meu pai partiu para o Rio de Janeiro quando eu tinha apenas um ano, então cresci morando apenas com minha mãe. Ela trabalhava com contadora, prestando serviço a uma família proprietária de uma fazenda, para onde íamos todas as sextas-feiras cuidar dos pagamentos. Minha mãe aproveitava esses momentos para oferecer às pessoas que trabalhavam ali, ou que moravam na região, produtos que elas não encontravam por perto.

Como eram pessoas humildes, muitas vezes não podiam pagar em dinheiro, então minha mãe recebia em troca artigos que pudesse vender em outro lugar. Seguindo seu instinto empreendedor, percebi que podia atender aos mesmos clientes dela, só que em uma escala menor e com produtos que estivessem a meu alcance, como verduras e legumes que os moradores locais poderiam usar em receitas específicas e que eu levava da cidade para eles. Fiz um dinheirinho, aprendi a negociar, a entender o valor das coisas e a tomar gosto pela liberdade financeira, ainda que meu primeiro empreendimento não tenha durado muito.

Em dezembro de 1988, estávamos levando o décimo terceiro salário dos trabalhadores da fazenda quando fomos assaltadas por ladrões que atiraram contra nós e eu acabei atingida por estilhaços de chumbo, que perfuraram meu abdômen em 36 pontos, e por um projétil que pegou de raspão em minha cabeça. Nós ficamos bem, mas, depois disso, minha mãe não me deixou mais voltar à fazenda.

Ao perder minha fonte de renda, percebi que precisaria empreender em outra área e, analisando como contribuir com as pessoas a partir do que eu tinha à mão, resolvi compartilhar meu conhecimento escolar com os mais novos. Assim, passei a dar aulas particulares e consegui quatro alunos que estudavam em séries pelas quais eu já tinha passado, ajudando-os também a fazer as tarefas da escola. E os pais me pagavam.

A partir desse trabalho, juntei dinheiro por três meses e consegui comprar minha primeira bicicleta, aos oito anos! Claro que eu não tinha consciência de que o nome daquilo que eu fazia era empreendedorismo. Acho que essa palavra nem existia naquela época – ou não era de conhecimento popular.

Essa conquista me mostrou algo: o princípio da semeadura. Aquela bicicleta era um fruto, algo que eu havia "colhido" a partir de um "plantio". Para continuar a colher, eu precisava continuar a plantar.

A LEI DA SEMEADURA É O PRINCÍPIO QUE ENSINA QUE TODOS COLHEM AQUILO QUE SEMEIAM.

@MARCIAALVES

Ali estava o início da minha liberdade financeira e o combustível que me levaria a um lugar de realizações não só dos meus sonhos, mas também dos sonhos de quem era importante para mim. Hoje, aliás, esses sonhos são minha realidade e a realidade da minha família.

Sei que começos são difíceis. Já tive de fazer coisas que nunca imaginei que um dia faria, e empreender no mercado funerário é uma delas. Afinal, quando tudo isso começou eu tinha verdadeiro pavor de caixões. Hoje, se parte de meu trabalho me faz olhar para a morte todos os dias, também sou sócia de uma clínica médica, cujo objetivo, óbvio, é promover, manter e restaurar a saúde, a vida. E não há nada de errado comigo nem com as áreas em que decidi empreender. Assim como não há nada de errado com você, seus sonhos e o que você vai se dispor a fazer por eles.

Você já leu no livro dos Provérbios, na Bíblia, a passagem da mulher virtuosa? Eu particularmente, prefiro versões que a tratam como mulher exemplar. Está no capítulo 31. O texto da chamada "mulher de Provérbios" foi escrito em 970 a.C. e fala de uma mulher que compra, vende e certifica-se de que seus negócios sejam lucrativos. Ela é casada, tem filhos, administra sua casa, seus negócios, investe em seu talento e cuida da família.

Quem encontrará uma mulher virtuosa?

Ela é mais preciosa que rubis. O marido tem plena confiança nela, e ela lhe enriquecerá a vida grandemente. Ela lhe faz bem, e não mal, todos os dias de sua vida.

Ela adquire lã e linho e, com alegria, trabalha os fios com as mãos. Como navio mercante, traz alimentos de longe. Levanta-se de madrugada para preparar a refeição da família e planeja as tarefas do dia para suas servas. Vai examinar um campo e o compra; com o que ganha, planta
um vinhedo.

É cheia de energia, forte e trabalhadora. Certifica-se de que seus negócios sejam lucrativos; sua lâmpada permanece acesa à noite. Suas mãos operam o tear, e seus dedos manejam a roca.

Estende a mão para ajudar os pobres e abre os braços para os necessitados. Quando chega o inverno, não se preocupa, pois todos em sua família têm roupas quentes. Faz suas próprias cobertas e usa vestidos de linho fino e tecido vermelho.

Seu marido é respeitado na porta da cidade, onde se senta com as demais autoridades. Faz roupas de linho com cintos e faixas para vender aos comerciantes. Veste-se de força e dignidade e ri sem medo do futuro.

Quando ela fala, suas palavras são sábias; quando dá instruções, demonstra bondade. Cuida bem de tudo em sua casa e nunca dá lugar à preguiça. Seus filhos se levantam e a chamam de "abençoada", e seu marido a elogia: "Há muitas mulheres virtuosas neste mundo, mas você supera todas elas!".

Os encantos são enganosos, e a beleza não dura para sempre, mas a mulher que teme o Senhor será elogiada. Recompensem-na por tudo que ela faz; que suas obras a elogiem publicamente.

Provérbios 31:10-27 (NVT)

Qualquer semelhança com sua vida não é mera coincidência, afinal, essa história é coletiva. A chamada "mulher exemplar" é uma empreendedora. Ser Maria é ter o desejo de fazer acontecer, é desenvolver a força que nos faz sair da cama mesmo quando as coisas não estão dando certo ou não estão saindo como planejamos.

É o que nos mantém acordadas até bem tarde para completar o que é necessário. É o que nos lembra, todos os dias, que a vida não é só sobre nós, mas também sobre as outras mulheres, com suas famílias, seus sonhos, suas esperanças e suas realizações.

Assim, quero esclarecer desde o início que, por mais solitária que a jornada empreendedora possa parecer, ela não precisa ser assim. Você já ouviu falar de "sororidade"? Essa palavra diz respeito a não julgar reivindicações de outras mulheres, mas as acolher. Na sororidade existe a proposta de que as mulheres fiquem mais fortes ao se unir. É essa a ideia que quero transmitir. Minha história como empreendedora não tem sentido sem a sua ou sem a de outras mulheres que, lá trás, possibilitaram que eu me tornasse uma pessoa de negócios. Foi inspirada pela sororidade que escrevi este livro: para ajudar você, mulher, a ser bem-sucedida em sua jornada, seja ela qual for.

Meu objetivo é mexer com você, é fazer barulho em sua mente e seu coração empreendedor para que você possa acordar, caso ainda esteja dormindo; é dar umas boas sacudidas, caso você esteja meio distraída, sem saber ao certo por onde anda sua força realizadora. Eu não quero, com a passagem bíblica, estabelecer um parâmetro ou um modelo a seguir. Mas quando eu disse que prefiro as versões que a chamam de "mulher exemplar" é porque isso faz dela um exemplo que pode ser modelado.

Chamamos de "modelagem" o processo de reproduzir o que alguém faz bem-feito, mas sem perder nossa identidade. Então, inspirada na narrativa de uma mulher exemplar, quero ajudar você a (r)escrever sua história. Mas veja: não vou entregar uma fórmula mágica que transforma a maneira como você viveu até aqui e apaga as marcas que essas experiências deixaram, mas posso ajudar você a aproveitar tudo que lhe aconteceu. Quero que você saia do papel de coadjuvante e assuma o papel de protagonista da sua história, desenvolvendo a consciência de que quem você realmente é se parece muito pouco com a pessoa que você se tornou, por causa dos eventos que experimentou em sua trajetória.

Cresci ouvindo que empreender não era coisa de mulher, que empreender não era para mim. Quando criança, queria ser atleta, e minha mãe me dizia que esporte não era para mim, era coisa de homem; que, se eu quisesse ter sucesso, teria de estudar. Ela queria tanto me defender, me proteger, que acabou me abafando. Mas quando a gente cresce passa a entender melhor as coisas que vive e o que é preciso fazer para superá-las. É comum nos desapontarmos com pessoas de quem esperamos apoio. Muitas vezes, ouvimos críticas duras, que doem e rasgam nossos sonhos. Agora, preste atenção! O outro serve de espelho para o que não queremos enxergar e assumir em nós mesmos; portanto, muitas dessas críticas dizem muito mais sobre quem as declarou que sobre nós.

Empreender exige autoconhecimento e inteligência emocional – para isso, não podemos ser escravas da opinião alheia. Nem de críticas, nem de elogios. Conhecer profundamente a si mesma é a chave para a sua liberdade mental. Sem isso, a maioria das pessoas tem uma visão distorcida de si, criada a partir de crenças que nos foram impostas por quem tem ou teve autoridade sobre nós, principalmente na infância. Ao longo da leitura, você vai entender como essas crenças determinam seus resultados e como isso ainda pode refletir em sua descendência, mas também vai nota que tudo isso pode ser ressignificado e usado para levar você àquele lugar em que seus sonhos e os sonhos das pessoas que você mais ama são realizados. Haverá momentos de confronto e até mesmo de dor, mas, ao saborear a primeira recompensa, você vai ver que é muito mais doloroso permanecer onde está que viver sem se arriscar a cumprir seu propósito.

Agora respire fundo e pense na seguinte pergunta: **quem você seria se não tivesse as limitações que pensa que tem?**

SER MARIA É TER O DESEJO DE FAZER ACONTECER,
É DESENVOLVER A FORÇA QUE NOS FAZ SAIR DA CAMA MESMO QUANDO AS COISAS NÃO ESTÃO DANDO CERTO OU NÃO ESTÃO SAINDO COMO PLANEJAMOS.

@MARCIAALVES

Você é uma obra perfeita! Foi criada à imagem e semelhança de Deus e já foi capacitada para alcançar o sucesso. As limitações existem, sim, mas a maioria daquilo que impede sua ação está em sua mente. Quando você desenvolver uma mentalidade de empreendedora, encontrará oportunidades de crescimento em todas as situações.

Talvez você já esteja empreendendo, mas se sinta travada em determinadas áreas do negócio, como *network* ou vendas, ou talvez se sinta ameaçada pela dúvida: "Depois de tanto tempo, meu negócio vai prosperar ou cairá por terra?". Independentemente de seu status com o empreendedorismo neste momento, tenho certeza de que este livro abrirá muitas portas para facilitar sua jornada. Afinal, não vou ensiná-la apenas a começar; vou fortalecer o seu conhecimento para que você saiba exatamente o que é necessário fazer para alcançar os resultados que deseja.

Empreender é criar um negócio do zero e gerenciar a empresa de forma a gerar retorno financeiro positivo (valor); não é apenas abrir uma empresa, é o poder de criar uma solução para muitas das dores de consumidores e da sociedade.

Quero que você entenda que é possível começar com pouco – vendendo bolo para colegas de trabalho, por exemplo – e realizar muito a partir desse pequeno início, transformando sua vida e a de toda a sua família.

São inúmeros os motivos que podem levar você a querer empreender: pode ser uma busca de realização pessoal e de trabalhar com algo de que gosta; ou talvez você deseje melhorar sua qualidade de vida e ter mais do que gosta; ou ter liberdade de horário; ou você pode querer ou precisar complementar sua renda. São inúmeros também os motivos que podem impedi-la de realizar seus sonhos, mas a boa notícia é que é possível superá-los, sejam eles quais forem.

Eu sei que você está pensando "Márcia, mas o que mais vejo, o que acontece com a maioria das mulheres que querem empreender, é que elas perdem dinheiro e fracassam". Sim, isso acontece, principalmente porque muitas delas são paralisadas por não terem recebido as ferramentas adequadas para continuar empreendendo. E é exatamente isso que você vai receber neste livro. Vai conhecer a história de outras mulheres, outras Marias que já vivem da renda da própria empresa e muitas outras que já estão transicionando de carreira, mesmo que ainda tenham que dividir o tempo entre o negócio próprio e um emprego com carteira assinada.

Nas próximas páginas, vou indicar como encontrar o caminho certo e, principalmente, como potencializar a força de "Maria" que existe dentro de você. O que eu chamo de "força de Maria" é o que recebi de minha mãe, Maria das Dores, aquela que ia para a roça sozinha, mesmo depois de ser ameaçada. A que criou a filha por si só e nunca deixou faltar o pão. E essa herança eu compartilho com você.

Vamos iniciar essa jornada, empreendedora?

CONHECER PROFUNDAMENTE A SI MESMA É A CHAVE PARA SUA LIBERDADE MENTAL.

@MARCIAALVES

CAPÍTULO 1

Dias de Maria

MARIA:
NOME QUE INDICA SERENIDADE, FORÇA VITAL E VONTADE DE VIVER.

APONTA PARA MULHERES QUE, POR VEZES, SÃO FORÇADAS A PEDIR AUXÍLIO PARA RESOLVER OS MUITOS PROBLEMAS QUE TÊM DE ENFRENTAR NA VIDA E PARA AGUENTAR A DOR.

NOME USADO PARA INDICAR UMA PESSOA INDETERMINADA; ALGUÉM: QUEM É ESSA MARIA?

Ainda hoje grande parte das mulheres se vê sem fonte de renda própria, diante de uma vida dura e difícil. Não sobra tempo para os sonhos, pois é preciso pagar as contas, vestir os filhos e colocar comida na mesa. Num país em que as mulheres sofrem com, em média, três cargas de trabalho diário,[1] a liberdade financeira para ter uma vida que seja aprazível fica cada vez mais distante. E será que precisa ser assim, tão difícil?

Muitas coisas mudaram nos últimos tempos: passando pelo pós-pandemia, atravessando o multiverso e esbarrando na inteligência artificial, o mundo, definitivamente, não é mais o mesmo. Mas existem coisas que nunca mudam. Em todo tempo e lugar, sempre encontraremos mulheres sonhadoras e mulheres executoras de seus sonhos. Em qual desses grupos você está?

---

[1] IBGE. Em média, mulheres dedicam 10,4 horas por semana a mais que os homens aos afazeres domésticos ou ao cuidado de pessoas. Disponível em: https://agenciadenoticias.ibge.gov.br/agencia-sala-de-imprensa/2013-agencia-de-noticias/releases/27877-em-media-mulheres-dedicam-10-4-horas-por-semana-a-mais-que-os-homens-aos-afazeres-domesticos-ou-ao-cuidado-de-pessoas. Acesso em: 20 set. 2023.

VOCÊ PRECISA SE CONHECER E IDENTIFICAR SEUS TALENTOS E SUAS VULNERABILIDADES.

@MARCIAALVES

A verdade sobre si

Antes mesmo de refletir se você se considera uma sonhadora ou uma executora de sonhos, quero lembrar que é, por natureza, **empreendedora**, **administradora** e **líder**. Essas são características que todas nós carregamos, e, por isso, cabe a nós decidir que terrenos iremos desbravar com esses dons. Por isso, cautela! Existe hoje uma guerra cultural que quer determinar padrões e modelos de sucesso e felicidade. Em meio a isso, se você não souber exatamente quem é e quais foram os sonhos que Deus colocou em seu coração, vai ser absorvida por esses padrões e vai passar a vida toda pensando que falta alguma coisa, que algo está fora do lugar.

Quando cito mulheres sonhadoras, estou me referindo àquelas que, mesmo sabendo exatamente quais são seus sonhos, sentem que sua capacidade de realizá-los é limitada. Já quando falo de mulheres executora de sonhos, refiro-me àquelas que superaram esse pensamento e conseguiram avançar em relação à concretização de seus desejos, mesmo que isso ainda não tenha acontecido. Independentemente de seu perfil, seu temperamento, sua personalidade, seus dons e seus talentos, haverá obstáculos, mas sempre há ferramentas para superá-los. Pensando nisso, tudo que você vai aprender comigo, se colocado em prática, vai ajudá-la a ir além, a fazer mais e melhor.

Há mulheres, por exemplo, que decidem se dedicar ao lar: elas investem na vida do marido, dos filhos; influenciam pessoas próximas, lideram a casa e garantem o sucesso de sua descendência. Essas mulheres decidiram pagar o preço para se realizar dessa forma. E governar um lar é uma tarefa desafiadora! Quem nunca se sentiu perdida, limitada, diante do desafio dos filhos, do marido, dos pais? Por sua vez, há mulheres que decidiram dar ouvidos a uma voz que as chama a empreender. Algumas talvez tenham até adiado o sonho de ter filhos para liderar, influenciar, ajudar outras pessoas. Igualmente desafiante!

Enquanto levantamos essas ideias, comento uma passagem da Bíblia chamada "parábola dos talentos", que mostra três perfis empreendedores: aquele que multiplica abundantemente seus talentos, aquele que multiplica parcialmente seus talentos e aquele que enterra seus talentos.

Apesar de essa parábola falar de homens – até como reflexo do contexto em que foi escrita –, quero demonstrar que isso serve também para você, para todas as mulheres, para todas as Marias. Contudo, antes de trazer essa narrativa para o nosso universo de empreendedoras, preste atenção no trecho que diz que **cada um recebeu talentos de acordo com sua capacidade**. Isso quer dizer que há pessoas mais capazes que outras? De que capacidade estamos falando? Da capacidade de desenvolver e multiplicar seus talentos, uma capacidade que se adquire com as experiências da vida.

E TAMBÉM SERÁ COMO UM HOMEM QUE, AO SAIR DE VIAGEM, CHAMOU SEUS SERVOS E CONFIOU-LHES SEUS BENS. A UM DEU CINCO TALENTOS; A OUTRO, DOIS; E A OUTRO, UM; A CADA UM DE ACORDO COM A SUA CAPACIDADE. EM SEGUIDA PARTIU DE VIAGEM. O QUE HAVIA RECEBIDO CINCO TALENTOS SAIU IMEDIATAMENTE, APLICOU-OS E GANHOU MAIS CINCO. TAMBÉM O QUE TINHA DOIS TALENTOS GANHOU MAIS DOIS. MAS O QUE TINHA RECEBIDO UM TALENTO SAIU, CAVOU UM BURACO NO CHÃO E ESCONDEU O DINHEIRO DE SEU SENHOR.

(MATEUS 25:14-18)

Fica óbvio no trecho que quando alguém exerce e desenvolve seus talentos tem como resposta a multiplicação de seus recursos. O homem que recebeu cinco talentos deu uma resposta imediata diante da oportunidade que recebeu e aplicou seus dons, multiplicando seu rendimento em cinco vezes. A rapidez com que respondeu à chance que estava diante dele mostra que esse homem não conhecia o medo. Por isso, agiu com ousadia e teve sucesso. Em minha trajetória, conheci muitas mulheres que também superaram seus medos e desenvolveram seus talentos para multiplicar rendimentos; hoje são grandes empresárias. Você vai poder ler a história dessas mulheres num capítulo adiante.

Sobre aquele que recebeu dois talentos, perceba que o texto diz que "**também** o que tinha dois talentos **ganhou** mais dois", mas não diz que o homem agiu de imediato. Lembra que os talentos foram dados segundo a capacidade de cada um? Neste segundo perfil de empreendedor temos alguém com grande potencial, mas que ainda não o desenvolveu plenamente e que pode se ver bloqueado por algum medo. Você conhece empreendedoras assim? Eu conheço.

Eu conheço uma professora universitária que, no período da Páscoa, há uns dez anos, faz ovos de chocolate para todo mundo na casa dela. São deliciosos! Então sugeri que ela começasse a empreender na área. Ela disse que não daria certo, porque ela **só sabe fazer ovos de Páscoa**. Veja que pensamento limitante! Quantas pessoas são capazes de produzir ovos de chocolate com a mesma qualidade que ela? E mais: é claro que ela sabe fazer outras guloseimas igualmente deliciosas! Outra coisa: ela só vende na Páscoa e no Natal. Ela só ganha dinheiro nesses dois momentos, porque trabalha para ganhar um extra para pagar o IPVA, ou a matrícula da escola dos meninos, ou o cartão de crédito.

Imagine a diferença que essa mulher poderia fazer na casa dela, na renda da família! Imagine quantos sonhos ela poderia realizar – tanto dela quanto dos filhos e até mesmo do marido, se fizesse bolos, tortas, chocolate, durante o ano inteiro... Talvez ela até deixasse de ser professora ou diminuísse o número de aulas e de todo o trabalho que professores têm, tanto na escola quanto em casa, preparando aulas, corrigindo provas...

Ela tem um objetivo – e mesmo que ele não seja medíocre, é limitado. Ela só se vê como professora universitária, ela não se vê como empreendedora. E, na realidade, ela é uma grande empreendedora, mas tem medo de arriscar, prefere não trocar o que parece certo pelo que parece duvidoso. Ela multiplicou seus talentos? Sim! Mas sua visão empreendedora é limitada pelo medo!

Agora vamos ao último perfil de empreendedorismo: o homem que enterrou seus talentos. Ele também respondeu de forma imediata. O texto diz que ele saiu dali, cavou um buraco e enterrou o talento de seu senhor. Há um texto, de autor desconhecido, circulando pela internet, que diz que o lugar mais rico do mundo é o cemitério, pois lá estão enterrados vários "talentos": invenções que nunca saíram do esboço, ideias e sonhos que nunca foram realizados, esperanças que nunca se alcançaram, viagens nunca feitas, fronteiras que nunca foram ultrapassadas.

Você se lembra, na parábola, do critério que definiu o valor que cada um daqueles homens recebeu? Foi dado "a cada um de acordo com a sua capacidade". E o que determina tal capacidade?

Se você tiver a curiosidade de ler a parábola toda, vai ver que o senhor daqueles homens voltou e foi "acertar as contas" com aqueles a quem confiou os talentos. O que recebeu apenas um disse que teve medo, saiu e enterrou o talento no chão! Pense um pouco: o que pode ter gerado esse medo paralisante a ponto de o homem enterrar seu talento?! O que aconteceu com os personagens da parábola pode ter acontecido comigo, com você e com uma infinidade de mulheres. E certamente o personagem que representa melhor cada uma de nós vai variar.

O que eu quero transmitir com essa passagem bíblica? Primeiro: você tem talentos! Mesmo que não se veja assim, isso é parte da verdade a seu respeito: você é uma mulher talentosa. Segundo: os talentos lhe foram dados para que você os multiplique, e é isso que fazemos quando começamos a empreender. Terceiro: seus talentos são despertados à medida que você desenvolve capacidade para multiplicá-los. Por isso, invista em si mesma (está cheio de cursos gratuitos na internet, sabia? Inclusive no Sebrae!). Quarto: você será recompensada por multiplicar seus talentos – isso se chama ganho, lucro, prosperidade.

Você precisa se conhecer e identificar seus talentos e suas vulnerabilidades. É claro que não estou falando de fazer uma loucura e sair por aí colocando em prática tudo que passa em sua cabeça. Até porque nem todas as ideias podem ser levadas a sério. Com certeza você já fez muitas coisas no calor da emoção e depois se arrependeu. Então, tire um tempo para olhar para dentro de si... lembre-se de quantos sonhos você carrega há muito, muito tempo. Lembre-se de quantas vezes seus olhos se encheram de lágrimas ao ver alguém tendo sucesso na mesma área que você gostaria de ter. Talvez você tenha até sentido inveja e depois se condenado por isso!

Quantas vezes, por exemplo, você pensou em largar seu emprego ou pegar aquelas economias e montar uma empresa? Por que não o fez? O que falta para você iniciar seu próprio negócio, trabalhar para si mesma? Se eu e você estivéssemos sentadas frente a frente, tomando um café, você passaria muito tempo conversando sobre tudo isso que leu até aqui, sem que pudesse me dar uma resposta exata. Sabe por quê?

PRIMEIRO: VOCÊ TEM TALENTOS! MESMO QUE NÃO SE VEJA ASSIM, ISSO É PARTE DA VERDADE A SEU RESPEITO: VOCÊ É UMA MULHER TALENTOSA.

@MARCIAALVES

Porque, por muitos anos, nós mulheres fomos subestimadas quanto à nossa capacidade de empreender ou trabalhar fora de casa, por estarmos imersas em uma cultura que enxerga apenas o homem como o provedor. E ainda que não haja absolutamente nada de errado com as pessoas que ainda nutrem essa visão, isso não pode roubar da mulher o direito de exercer seus dons e seus talentos para prosperar nos negócios. Por causa desse entendimento, lutamos por nosso espaço no mercado, para prosperar; não importa se temos que trabalhar com jornada dupla, às vezes até tripla. São muitas as mulheres que trabalham em regime CLT, cuidam de seus afazeres domésticos e ainda vendem doces, acessórios de moda ou trabalham com outros serviços.

Muitas de nós olhamos outras mulheres que consideramos bem-sucedidas e desejamos fazer o que elas fazem e ter o que elas têm. Então, desanimamos, porque não vemos em nós os talentos delas. Esquecemos que habilidades aparentemente simples, como cozinhar, costurar, criar artesanatos são, na verdade, fonte de grandes empreendimentos. Mas eu e você sabemos que muitos fatores inibem a mulher de empreender, por exemplo, a falta de apoio da família. Quem nunca ouviu, na infância, os pais dizerem: "Deixa de invenção, isso não é pra você!"? Ou talvez você tenha crescido ouvindo que "você precisa estudar para arrumar um bom emprego, que pague bem" ou que "para ter uma vida estável, precisa prestar concurso público, porque no Brasil, esse negócio de ser empresário é muito arriscado, o governo é muito instável, tem muito imposto"... Já na vida adulta, quando ouvimos de pessoas próximas que "ter empresa é coisa de rico" ou que "não temos capacidade de gerenciar uma empresa e lidar com funcionários", nossa mente pode nos remeter àquele momento da infância, nos fazendo crer que tais "falas" são a mais pura verdade!

Por causa dessas falácias, muitas mulheres perderam o ímpeto de sonhar, passaram a não se achar merecedoras, a se contentar com o básico; a fazer o mais fácil de ser feito – tudo reflexo do que foi construído ao longo da vida, desde a infância, em um lar em que as pessoas não tinham a mente empreendedora.

Se você se identificou com alguma dessas situações mencionadas, não se preocupe. Não quer dizer que você não consiga, definitivamente não é o fim! Se você sente essa vontade gritante de ter seu próprio negócio, vou ajudá-la a fazer acontecer, a realizar seu empreendimento, a ter sucesso e prosperidade, mostrando os passos que trilhei nesses 36 anos empreendendo.

Você é aquilo que sabe

Falta de conhecimento também é um fator inibidor do sucesso. Ainda assim, devemos ter em mente que nem tudo nos é ensinado por meio do ensino formal. Essa lição aprendi com minha mãe e sua trajetória. Ela chegou a abrir uma loja de móveis populares e eletrodomésticos, conquistou para nós uma casa na praia, outra na cidade, além de um carro. Porém, quando vieram as crises dos governos Sarney e Collor, a loja dela quebrou. Chegamos a vender tudo que tínhamos para pagar as contas. Minha mãe não avançou muito nos estudos e, mesmo assim, conseguiu ter sucesso, ainda que em tempos difíceis e em um lugar pouco provável. Contudo, talvez os resultados dela tivessem sido diferentes se ela tivesse tido a oportunidade de se capacitar mais e melhor.

No meu caso, minha vida mudou depois que me tornei estagiária no Bandepe (Banco do Estado de Pernambuco), passei pelas migrações dos bancos Real e Santander. Casada, quando voltei de licença-maternidade, fui efetivada e assumi o cargo de subgerente I. Construí uma carreira sólida e cheguei a gerente de pessoa jurídica. Eu fazia faculdade de administração e, na época, o professor havia pedido que criássemos um plano de negócios na disciplina de jogos empresariais. Eu me inspirei em uma cliente que havia criado uma espécie de consórcio de caixões. Quando apresentei o trabalho, o professor me surpreendeu dizendo que eu realmente deveria desenvolver aquele negócio. Na época, mesmo com muito medo de caixão, encarei o desafio e decidi abrir a empresa.

SE VOCÊ SENTE ESSA VONTADE GRITANTE DE TER SEU PRÓPRIO NEGÓCIO, VOU AJUDÁ-LA A FAZER ACONTECER.

@MARCIAALVES

Saía do banco para a faculdade e de lá para a empresa (que prestava serviço 24 horas) e voltava para casa de madrugada. Minha transição de carreira nessa jornada durou dez anos. Assim como eu, conheço muitas mulheres que apostaram na vida acadêmica – e muitas delas foram além da faculdade, fizeram especialização, pós-graduação, MBA. Assistiram a palestras, mentorias, participaram de feiras no segmento em que atuam e de congressos direcionados à gestão financeira, de pessoas, gestão comercial, marketing... Tudo é agregador de conhecimento, e contando com um bom networking isso faz com que você vá se tornando conhecida e conhecendo pessoas que possam ajudar a aumentar a visibilidade de seu negócio.

Tenho para mim que o que realmente faz um negócio funcionar é 25% de trabalho duro, 25% do tipo de gente com quem se trabalha e 50% o segmento em que se atua. A realidade é que encontramos mais pessoas que não estarão dispostas a ajudar ou a contribuir com nosso sucesso que pessoas que nos apoiem e incentivem constantemente, e estejam dispostas a embarcar em nossos sonhos. Portanto, tudo que você aprendeu até aqui – a cada experiência e, principalmente, a cada erro, cada fracasso – é responsável por você ser quem você é. E não existem duas trajetórias iguais, porque cada uma de nós é única. Lembre-se: por mais inteligente que alguém seja, se não demonstrar humildade, pode se perder na arrogância. **A humildade é a parte mais bela da sabedoria.**

A procura pela mentoria que ofereço vem crescendo. As mulheres estão em busca de se capacitar, de criar rede de apoio, *network*. Cada vez mais mulheres querem empreender. O problema é que elas não se veem como empreendedoras, porque entendem que não foram preparadas, treinadas nem conduzidas para empreender. Outras se sentem limitadas falta de dinheiro, de planejamento e de uma execução assertiva para empreender em um negócio rentável. Mas muitas mulheres também não querem pagar o preço de passar dezoito horas por dia e vários fins de semana trabalhando e ainda se capacitar para trazer as informações para seu negócio e fazer diferente da concorrência!

De todo modo, destaca-se a quantidade de mulheres que conseguem fazer seus negócios prosperarem no momento que ativam seu cérebro no modo "fazer acontecer" e se tornam mulheres empreendedoras independentes, ou MEI (tomando emprestada a sigla para Microempreendedor Individual). Elas se sentem capazes de planejar, executar e empreender. E é exatamente isso que eu quero lhe proporcionar.

**Mapeie os talentos que você acredita ter
ou que deseja desenvolver**

_____
_____
_____
_____
_____
_____
_____
_____
_____
_____
_____
_____
_____
_____
_____

Quais desses talentos podem se tornar uma prestação de serviço ou um produto?

_____
_____
_____
_____
_____
_____
_____
_____
_____
_____
_____
_____
_____
_____
_____

Qual você considera mais rentável e que proporcionaria maior satisfação no longo prazo?

___

___

___

___

___

___

___

___

___

___

___

___

___

___

___

CAPÍTULO 2

Maria das Dores

> **U**M DOMINGO DE TARDE SOZINHA EM CASA DOBREI-ME EM DOIS PARA A FRENTE – COMO EM DORES DE PARTO – E VI QUE A MENINA EM MIM ESTAVA MORRENDO. NUNCA ESQUECEREI ESSE DOMINGO. PARA CICATRIZAR LEVOU DIAS. E EIS-ME AQUI. DURA, SILENCIOSA E HEROICA. SEM MENINA DENTRO DE MIM.
> (*APRENDENDO A VIVER*, CLARICE LISPECTOR)

As primeiras dores

Eu sei que começar a empreender ou avançar com seu empreendimento envolve riscos e dificuldades e que muitas vezes falta coragem para iniciar essa trajetória, principalmente quando se tem pouco ou nenhum recurso financeiro. Sei também que seu desejo de empreender e de avançar é grande, mas as tarefas cotidianas se mostram um empecilho. Por isso, entendo quando as mulheres veem dinâmicas domésticas e cuidados com os filhos como obstáculos.

Quando pensamos em gestão familiar, é inegável que há uma carga excessiva sobre as mulheres. Se você está no grupo daquelas que querem se arriscar (ou já se arriscaram) no universo do empreendedorismo, as jornadas duplas ou triplas que conciliam afazeres domésticos, cuidados da família e a gestão empresarial vão se tornar (ou já se tornaram) sua rotina.

A falta de incentivo é, sem dúvida, outro desafio ao investir em seu próprio negócio. Quando falta esse apoio, somos desacreditadas de nosso potencial como empreendedora, e isso pode gerar desestabilização da autoconfiança, afetando, assim, o bom desempenho do negócio, contribuindo para que nos sintamos inseguras na tomada de decisões. Talvez você esteja lidando ou vá lidar com o desencorajamento por parte de familiares, amigos e até da sociedade. E não é fácil lidar com isso. Mas você precisa aprender, se quiser ter sucesso. Neste livro, vou mostrar que você tem muitos, muitos mais motivos para avançar que para desistir!

Claro que são inumeráveis os desafios durante sua jornada como empreendedora, mas, acredite, todos podem ser superados. Se não o fossem, não cresceria o número de mulheres empreendedoras no país. Segundo relatório do Sebrae sobre empreendedorismo feminino no Brasil, o país tem 24 milhões de mulheres empreendedoras, sendo quase metade dos MEI gerenciados por elas.

Talvez você seja, ainda, uma das inúmeras mulheres que teve de empreender porque precisava de uma fonte de renda urgente. Então, se decidiu tomar esse caminho por necessidade, possivelmente não teve treinamento para administrar seu negócio. E é claro que isso pode afetá-lo, principalmente porque nem sempre é possível sair em busca de soluções inovadoras e de tecnologia – ainda mais se falta capital.

Se você quer se tornar empreendedora por oportunidade, a história é diferente. Você busca educação, cria um plano de negócios e procura recursos para desenvolver estratégias melhores. Isso aumenta as chances de seu negócio sobreviver. Como mentora, porém, pude encorajar mulheres que inicialmente entraram para o empreendedorismo por necessidade a buscarem estratégias em que pudessem se desenvolver tanto como aquelas que conseguiram empreender por oportunidade. Por isso, no capítulo 1, tratei da necessidade de investir em conhecimento técnico e formação acadêmica, para que você se sinta pronta a enfrentar os desafios que vêm com a posição que você ocupa ou deseja ocupar no mercado.

Independentemente dos motivos que a levaram a empreender ou a desejar empreender, quero chamar atenção para uma coisa: estudos revelam que homens e mulheres buscam o empreendedorismo por motivos diferentes, mas que nenhum dos dois busca apenas compensação financeira. Segundo pesquisa do Sebrae,[2] a primeira razão que leva uma mulher a empreender é a busca por realização profissional. Às vezes, em meio a tantos desafios, esquecemos nosso propósito, aquilo que queimava em nossos corações quando o empreendedorismo não passava de um sonho. Mais da metade das entrevistadas nessa pesquisa disse trabalhar com aquilo de que gosta; ou seja, sua realização profissional. Não se deixe enganar quanto a essas verdades.

---

[2] JAQUELINE-LIMA; MATOS-UMC, W. **Empreendedorismo feminino**: desafios e oportunidades. Disponível em: https://sebraemg.com.br/empreendedorismo-feminino-desafios-oportunidades/. Acesso em: 20 set. 2023.

Mesmo que o início de sua carreira no empreendedorismo tenha se dado por alguma urgência financeira, acredite que a chama sempre esteve acessa dentro de você. Outros motivos que podem tê-la levado a empreender são: realização pessoal, ou seja, a coragem de realizar um sonho; desejo de ter maior flexibilidade de horários; e assim por diante.

Uma pesquisa realizada pela Rede Mulher Empreendedora[3] mostra que cerca de 70% das mulheres buscam empreender a fim de ter mais flexibilidade em sua vida pessoal, de modo a conciliar melhor seus compromissos. A busca por uma renda melhor é a última opção de escolha das mulheres que buscam ou buscaram o empreendedorismo, segundo o Sebrae.[4] Isso me permite concluir que, caso tenha se proposto a empreender, você irá muito além do lucro; na verdade, o que verdadeiramente o desenvolvimento de seu próprio negócio lhe oferece é um genuíno empoderamento.

Antigamente, os provedores absolutos do lar eram os homens; poucas mulheres trabalhavam – em geral, viúvas ou solteiras. Mulheres casadas tinham como missão cuidar dos filhos e do lar, o que por si só já é uma baita responsabilidade. Hoje, esse cenário mudou: 69% dos lares brasileiros têm uma mulher como principal provedora financeira. Homens e mulheres entenderam que a dependência financeira não é boa para ninguém – nem do ponto de vista de quem sustenta, nem do ponto de vista de quem depende. Muitas pessoas tratam como iguais o amor e o dinheiro. Consequentemente, misturam dependência emocional com dependência financeira.

Há quem se diga livre a ponto de não querer se envolver com o dinheiro e entregue essa responsabilidade ao cônjuge ou ao parceiro. Mas talvez faça isso para não ter de assumir a própria educação, o preparo e o planejamento financeiro; afinal, deixar o bem-estar financeiro nas mãos de outra pessoa ou do destino, pode ser desastroso. O desenvolvimento da independência financeira da mulher não tem a ver com as questões afetivas do relacionamento. Ao con-

---

[3] ODONTOCLINIC. *Sabe qual o perfil da mulher empreendedora? Descubra aqui!* Disponível em: https://empreenda.odontoclinic.com.br/perfil-da-mulher-empreendedora/. Acesso em: 20 set. 2023.

[4] JAQUELINE-LIMA; MATOS-UMC, W. *op. cit.*

trário, entre as diversas motivações que a leva a empreender estão os negócios com toque caseiro, como criação de sabonetes e perfumes, produção de bolos e salgados, bordados, costuras e artesanato – ou seja, segmentos vinculados ao universo doméstico.

Eu e você precisamos ter independência financeira porque isso nos torna mais fortes e resilientes diante dos desafios que exigem recursos financeiros. Conheço muitas mulheres que se viram em uma situação desafiante quando perderam o marido – independentemente do motivo – e tiveram de assumir, além do controle doméstico, o controle financeiro da casa. Essas são experiências pelas quais não precisamos ser surpreendidas. Quando a mulher tem participação na organização financeira da casa, ela se torna agente da prosperidade de toda a família. Ela não só pode financiar e realizar os próprios sonhos, como pode ajudar o marido e os filhos a fazerem a mesma coisa.

Independentemente de sua contribuição na renda familiar, socialmente ainda é o homem quem está legitimado como provedor. Talvez nem você nem ele, tampouco seus filhos, estejam (ou estivessem) preparados para a mudança na dinâmica financeira da família. Seu marido pode não saber lidar com sua contribuição – ou, se sua renda for maior que a dele, ele pode se sentir constrangido e até ameaçado. Dependendo da forma como ele lida com essa questão, você vai precisar ter "tato" para que seu relacionamento não sofra nem se veja abalado com essa mudança.

Contudo, os desafios financeiros não param por aí. Se você ainda não tem o hábito do planejamento e da gestão financeira, precisa aprender a lidar com isso. Existem algumas regrinhas básicas das quais você não pode abrir mão se quiser que seu negócio prospere. Vamos falar sobre isso no próximo capítulo.

69% DOS LARES BRASILEIROS TÊM UMA MULHER COMO PRINCIPAL PROVEDORA FINANCEIRA.

@MARCIAALVES

Preço ou valor

Como mentora de empreendedoras e empresárias, já ouvi mulheres dizerem que não conseguem começar ou evoluir nos negócios por falta de recursos financeiros. Se esse é seu problema, pense no seguinte: quantas vezes você já desejou profundamente alguma coisa e, por naquele momento faltarem recursos, se dispôs a fazer um serviço extra ou rever o orçamento? É, eu sei, isso acontece – e às vezes com mais frequência do que gostaríamos de admitir. Porém, se o objeto de nosso desejo for mesmo importante, somos capazes dos maiores malabarismos para adquiri-lo.

Talvez você esteja pensando que esse exemplo não faz sentido, pois, por mais caro que seja esse objeto de desejo, nem de longe ele se equipara aos gastos necessários para abrir uma empresa ou investir em algum recurso de crescimento agora. Mas você está enganada! Não estou falando de **preço**, e sim de **valor**! No mundo dos negócios, preço e valor são duas coisas bem diferentes. E dinheiro tem a ver com preço, não com valor. O valor só entra na história quando aquilo que você quer traz algum benefício real.

Por exemplo: todo dia você compra pão para o café da manhã. Tem duas padarias na rua: uma do sr. Joaquim e outra do sr. João, que vende pães um pouquinho mais caros. Mas você continua comprando do sr. João, porque o jeito que ele lhe atende faz toda a diferença. Isso mostra que, para você, o pão do sr. João tem mais valor. Há momentos na vida em que precisaremos escolher o que realmente tem valor, independentemente do preço, entende?

Tem a ver com vontade, com a intensidade que aplicamos naquilo que fazemos para alcançar o que de fato importa. É sobre mover céus e terra para que o sonho aconteça. É dessa forma que você precisa pensar quando decidir empreender ou avançar em seu empreendimento. É preciso querer muito, focar, de maneira que nada nem ninguém tire esse desejo ardente de seu coração. Se for assim, não tenho dúvidas de que acontecerá – e com certeza o sucesso será reflexo de seu esforço. Contudo, se você inicia dizendo que não vai dar certo, que falta dinheiro (sim, eu sei, ele é parte do processo, mas não é tudo!), vai ser muito mais difícil!

Quando iniciei a Rosa Master, aluguei um imóvel de três cômodos. Não, eu não tinha dinheiro para depósito caução nem para o aluguel. Eu tinha um nome, um sonho e estava determinada a realizá-lo. Como gerente de banco, tinha contato com muitas pessoas da região e, por causa da forma como me relacionava com os clientes, tinha a confiança deles. Quando aluguei o prédio de minha futura empresa, foi na base da confiança. Além disso, eu mesma limpei, pintei e preparei tudo, com móveis que tinha em casa. Então, sei dizer quando dinheiro é ou não é limitador.

Discriminação

Apesar das mudanças no cenário empreendedor nos últimos tempos, ainda dá para perceber que a cultura joga uma sombra na trajetória das mulheres que estão nessa jornada. Não podemos esquecer que o mundo dos negócios ainda é predominantemente masculino e que muitas mulheres sentem dificuldade na hora de negociar e desenvolver relacionamento com clientes e fornecedores do sexo oposto. Muitos homens não conseguem encarar o trabalho das empreendedoras com a mesma seriedade. Uma pesquisa realizada pelo Sebrae em 2022[5] mostra que, apesar de as donas de negócios terem um nível de escolaridade 16% superior ao dos homens na mesma função, elas têm um ganho 22% menor que eles. Ou seja, mesmo mais qualificadas, as mulheres empresárias são menos valorizadas e ganham menos.

Não é sem motivo que a atriz americana Pauline Frederick disse, ainda no século XIX, que, "quando um homem se levanta para falar, as pessoas ouvem e depois olham. Quando uma mulher se levanta, as pessoas olham; depois, se gostarem do que estão vendo, escutam".[6]

---

[5] SEBRAE SC. **Quais são os principais desafios do empreendedorismo feminino?** Disponível em: https://www.sebrae-sc.com.br/blog/mulheres-empreendedoras-desafios-enfrentados-e-como-alcancar-o-sucesso. Acesso em: 20 set. 2023.

[6] FREDERICK, P. In: **Quem disse.** Disponível em: https://quemdisse.com.br/frase/quando-um-homem-se-levanta-para-falar-as-pessoas-ouvem-depois-olham-quando-uma-mulher-se/73262/. Acesso em: 20 set. 2023.

QUANTO MAIS CASOS DE SUCESSO ACONTECEM, MAIS INSPIRAMOS OUTRAS MULHERES A SEGUIREM O SONHO DO PRÓPRIO NEGÓCIO.

@MARCIAALVES

Outro fator de discriminação diz respeito ao acesso a crédito: as mulheres costumam ficar à margem das redes de financiamento, em geral dominadas por homens e ativadas por referências de conhecidos. Elas tendem a investir seu próprio dinheiro em vez de buscar capital externo – aliás, quando buscam, as taxas de juros a que estão sujeitas são maiores se comparadas às oferecidas aos homens empreendedores. Além disso, apesar de apresentarem um nível de inadimplência menor que o de homens, ainda assim, enfrentam mais dificuldades para ter acesso a crédito para apoiar seus negócios.[7]

A maneira como as mulheres respondem a isso é desenvolvendo certa "aversão ao risco", tomando decisões mais equilibradas no longo prazo. Se de um lado elas acabam se sentindo desencorajadas, de outro essa postura pode ser uma decisão sábia, visto que cerca de metade das novas empresas não sobrevive além de cinco anos, mas que 75% dos empreendimentos gerenciados por mulheres têm duração de dois anos ou mais.[8]

Uma pesquisa do Sebrae de Santa Catarina[9] confirma que as mulheres contratam menos empréstimos nos bancos e que, quando recorrem a essa saída, o valor médio é menor. O que me pergunto é se elas fazem menos empréstimos ou em valores menores porque encontram maior dificuldade ou se esse valor, na verdade, é limitado por ser disponibilizado a uma mulher. De todo modo, trata-se de um preconceito infundado, porque o crescimento do empreendedorismo feminino tem movimentado a economia do país, promovendo aumento no PIB e contribuindo para a redução da taxa nacional de desemprego. Ou seja, mesmo diante dessas discrepâncias, mais que administrar uma empresa, o empreendedorismo feminino representa um instrumento

---

[7] CNN. **Empreendedorismo feminino:** como lidar com os desafios da questão de gênero nos negócios. Disponível em: https://www.cnnbrasil.com.br/economia/mulher-empreendedora/. Acesso em: 20 set. 2023.

[8] COMÉRCIO em Ação. **Empreendedorismo feminino**: tudo o que você precisa saber! Disponível em: https://comercioemacao.cdlbh.com.br/empreendedorismo-feminino-tudo-o-que-voce-precisa-saber/. Acesso em: 20 set. 2023.

[9] SEBRAE SC. **Crédito para mulheres empreendedoras.** Disponível em: https://www.sebrae-sc.com.br/blog/credito-para-mulheres-empreendedoras. Acesso em: 20 set. 2023.

de transformação social. Já percebeu que a maioria das empresas gerenciadas por mulheres têm maior participação em projetos sociais?

Onde que você tem em mente?

Diante de tantos desafios, é normal ser tomada pela falta de autoconfiança com relação ao empreendedorismo. Mesmo que esteja disposta a enfrentar tudo isso, você pode se pegar pensando e falando mais sobre as dificuldades de empreender que sobre as vantagens e as alegrias de ser dona do próprio negócio. Ou, por ter começado a empreender a partir de um serviço ou um produto que você desenvolve em casa, com suas próprias habilidades, talvez você desvalorize seu trabalho e acabe desacreditando de seu negócio. Como consequência, seus produtos e seus serviços não são valorizados e não recebem o devido reconhecimento.

Talvez você já tenha começado a empreender em setores diferentes – ora com produtos, ora com serviços –, mas, entra ano, sai ano, os resultados não mudam. Eu sei que o medo e a insegurança surgem de maneira quase inevitável quando se pretende viver uma experiência nova. O problema é que você pode se deixar levar por essas sensações e perder uma oportunidade única.

Tudo isso, junto a outros fatores relacionados a suas crenças, é responsável pela autossabotagem. Já ouviu falar da síndrome de impostora? É a tendência que algumas pessoas têm de se autossabotar. Por natureza, o cérebro humano tem essa predisposição à sensação de incapacidade e demérito. Mas é seu modelo mental, ou seja, a forma como você pensa, que vai fortalecer ou enfraquecer essa crença, o que também pode ser reforçado pelo meio em que você vive.

Segundo o especialista em inteligência emocional Fabrício Nogueira,[10] a síndrome da impostora é a crença pessoal que uma pessoa tem de que não é boa o bastante. Por mais que consiga vários resultados positivos, você não se percebe dentro disso. Acha que suas conquistas

---

[10] NA PRÁTICA. **Síndrome do impostor**: o que é e como pode atrapalhar profissionais a se desenvolverem na carreira. Disponível em: https://www.napratica.org.br/o-que-e-sindrome-do-impostor/. Acesso em: 20 set. 2023.

são fruto de sorte ou qualquer outro fator. O mérito não vai para si. É uma crença ligada ao desenvolvimento de capacidades, habilidades e crenças de não merecimento. É como se você sentisse que não pertence ao lugar que ocupa. Hoje existem treinamentos, ferramentas e até tratamentos para esses casos.

Senhora de seu tempo

Foi a partir da Segunda Guerra Mundial que as mulheres passaram a ocupar cargos que antes eram exclusivamente masculinos: tornaram-se engenheiras, supervisoras de produção, motoristas de caminhão, de tanques e a exercer tantas outras profissões. Contudo, isso não as isentou de fazer serviços domésticos. Veio daí o conceito de que a mulher é "multitarefa", conciliando uma série de atividades que, se não forem bem pensadas, planejadas e administradas, podem provocar danos à sua saúde física e mental.

Seu empreendimento começa em casa, na vida. O mundo não vai mudar porque você decidiu empreender e não concorda com um sistema antiquado e preconceituoso. Você vai precisar inserir na agenda o tempo necessário para, além de lidar com os compromissos diários, se divertir e se dedicar aos estudos específicos a seu empreendimento. Existem ferramentas para fazer esse planejamento. Vamos falar delas no próximo capítulo.

À medida que avançar em seu negócio, novos desafios surgirão. À medida que seu negócio for ganhando visibilidade, você vai entender que precisa se diferenciar na forma como oferece seus serviços e que precisa divulgar seu trabalho de forma criativa. Talvez você perceba que, para alavancar as vendas, será necessário entender de pessoas e desenvolver um *network* mais sólido.

QUANDO A MULHER TEM PARTICIPAÇÃO NA ORGANIZAÇÃO FINANCEIRA DA CASA, ELA SE TORNA AGENTE DA PROSPERIDADE DE TODA A FAMÍLIA.

@MARCIAALVES

Nesse momento, fazer um trabalho diferenciado nas redes sociais pode se mostrar determinante para o sucesso nas vendas digitais. Como dar conta de tudo isso? Vale mesmo a pena empreender? Não seria melhor ser CLT?

Nesse momento, fazer um trabalho diferenciado nas redes sociais pode se mostrar determinante para o sucesso nas vendas digitais. Como dar conta de tudo isso? Vale mesmo a pena empreender? Não seria melhor ser CLT?

Calma! Antes de responder a esses pontos, entenda como tudo isso começou e o que precisa fazer para resolver essas questões. No próximo capítulo, vou ajudá-la a clarear a mente e entender o porquê de tantos desafios. Então, você estará mais apta a superá-los e vai ver que o empreendedorismo feminino tem o poder de transformar realidades. Quanto mais casos de sucesso acontecem, mais inspiramos outras mulheres a seguirem o sonho do próprio negócio. E você? Quer ser inspiração ou quer somente se inspirar em outras mulheres? A decisão é sua!

SEU EMPREENDIMENTO COMEÇA EM CASA, NA VIDA.

@MARCIAALVES

CAPÍTULO 3

Maria das Aparecidas

UMA TORA DE MADEIRA AOS OLHOS DAS PESSOAS COMUNS É APENAS UMA TORA DE MADEIRA, NADA MAIS. PARA UM ESCULTOR, ESSA MESMA TORA PODE SER UM CAVALO. COM APENAS AS MÃOS E SUAS FERRAMENTAS, ELE LAPIDA ESSA TORA E A TRANSFORMA NUMA ESTÁTUA DE UM CAVALO.

AS PESSOAS COMUNS PERGUNTARÃO A ELE, ESPANTADAS: "MAS COMO VOCÊ FEZ ESTE CAVALO, APENAS DE UMA TORA?". ELE RESPONDERÁ, COM SIMPLICIDADE: "EU NÃO O FIZ. ELE JÁ ESTAVA ALI O TEMPO TODO. O MEU TRABALHO FOI APENAS RETIRAR O QUE NÃO FAZIA PARTE DO CAVALO!".

(*GERAÇÃO DE VALOR*, FLÁVIO AUGUSTO)

Toda vez que sou apresentada a uma mulher e olho nos olhos dela, vejo uma empreendedora. Por natureza, somos capazes de planejar, preparar e executar todos os passos necessários a qualquer missão que nos é dada. Somos mais intuitivas, sensíveis a detalhes e interessadas em cooperar, compreender e ajudar a atender as necessidades alheias. Somos naturalmente capazes de nos conectarmos com outras pessoas e amamos construir relacionamentos autênticos.

Quando entramos em jogo, nosso foco não é "não perder", mas "vencer", e somos muito perspicazes em perceber o que precisamos fazer para conquistar o que queremos, por isso investimos mais tempo em nos movermos na direção daquilo que queremos que nos afastando daquilo que não desejamos. Somos insuperáveis na construção de conexões, no desenvolvimento de mentoria, investimos no desenvolvimento de outras pessoas e temos genuína preocupação com a comunidade. No universo do empreendedorismo, isso nos torna uma superpotência. Explorando nossa capacidade de fazer *network*, temos a chance de criar uma verdadeira carteira de clientes em nosso próprio celular, na padaria, no mercadinho de frutas, no salão, na academia... e onde mais quisermos.

Segundo Cindy Adams, presidente da organização Leadership Circle,[11] as "mulheres demonstram níveis mais altos de eficácia de liderança e competência criativa (em todas as dimensões) e têm menor impacto reativo em comparação com seus colegas do sexo masculino".

Uau! Você já havia olhado para si mesma dessa forma? Já havia pensado sobre todas essas habilidades e competências? Eu suspeito que não! Sabe por quê? Porque a sobrecarga profissional e emocional que está sobre nós nos faz subestimar até mesmo nosso poder de influência. Precisamos aprender a falar sobre nossos pontos fortes e a nos defender (às vezes, de nós mesmas). Por causa de outra característica feminina fortíssima – a empatia –, conseguimos nos colocar no lugar de clientes e oferecer um atendimento completamente personalizado e temos mais facilidade de criar e oferecer as melhores soluções para determinada demanda do mercado.

Eu poderia escrever páginas e páginas dos motivos pelos quais eu enxergaria seu potencial empreendedor se estivéssemos frente a frente, mas quem precisa enxergar isso em você... é você mesma. Por isso, pare um pouco a leitura. Tire um tempo para olhar para dentro de si. Esqueça as críticas de qualquer pessoa que ainda não sonha com você e responda às seguintes perguntas:

Quais são seus talentos e seus pontos fortes únicos?

_____

_____

_____

_____

_____

[11] ALMEIDA, F. **Mulheres são mais eficazes que os homens na liderança, diz pesquisa.** Disponível em: https://forbes.com.br/forbes-mulher/2023/04/mulheres-sao-mais-eficazes-que-os-homens-na-lideranca-diz-pesquisa/. Acesso em: 20 set. 2023.

PRECISAMOS APRENDER A FALAR SOBRE NOSSOS PONTOS FORTES E A NOS DEFENDER.

@MARCIAALVES

Como ampliá-los e trazê-los para seu empreendimento, independentemente da fase de execução em que ele se encontra?

_____

_____

_____

_____

_____

_____

_____

_____

_____

_____

_____

_____

_____

Vou aquecer mais um pouco seu coração para tudo que quero que você aprenda neste capítulo. Eu já falei e vou insistir na importância de sua capacitação, seja qual for a fase em que se encontra seu empreendimento.

Estudos revelam que temos maior probabilidade de aprender quando estamos em grupo, ligadas a quem pensa da mesma forma que nós. Como tirar proveito disso para o desenvolvimento ou a prosperidade de nossos sonhos?

Lembra que somos insuperáveis na construção de conexões? Procure criar uma rede com outras mulheres com quem você tem afinidade e com quem se sente segura a fim de que sirvam de mentoras umas das outras e se ajudem na resolução de desafios do empreendedorismo ou para mergulhar em algo que estejam aprendendo. Aliás, a melhor forma de aprender é ensinando! Por isso, compartilhem conhecimento!

Quem sabe esse grupo cresce e se torna uma rede de suporte ou até mesmo de consultoria? Ou, ainda, uma franquia de conexão feminina de apoio à MEI, mulher empreendedora independente?

Querida empreendedora, para avançar neste livro, preciso de sua ajuda. Preciso que você se dê uma chance e deseje ardentemente ir além do ponto em que está agora, enquanto tem este livro em mãos. Preciso entrar em sua mente e ajudar a reconfigurá-la. Está disposta?

Quem você pensa que é?

Anthony Robbins afirma que "são suas decisões, não suas condições, que determinam seu destino".[12] E como tomamos decisões? A partir daquilo que acreditamos, a partir de conceitos, ideias e experiências que se tornaram verdades para nós.

O filósofo e escritor Mário Sérgio Cortella tem um livro cujo título é *Por que fazemos o que fazemos*.[13] Certa vez ouvi ele próprio amplian-

---

[12] FOLHA, A. **Saiba que são suas decisões, e não suas condições, que determinam seu destino.** Disponível em: https://mundoemcores.com/saiba-que-sao-suas-decisoes-e-nao-suas-condicoes-que-determinam-seu-destino/. Acesso em: 20 set. 2023.

[13] CORTELLA, M. **Por que fazemos o que fazemos**: aflições vitais sobre trabalho, carreira e realização. São Paulo: Planeta, 2016.

do essa frase para: "Por que fazemos o que fazemos, da forma como fazemos, e por que não fazemos o que tem que ser feito, da forma como tem que ser feito?".

Seus resultados não são obra do acaso, eles não acontecem simplesmente. Eles são consequências de suas ações. Então, volto à pergunta inicial: se seus resultados são consequências daquilo que você faz, por que você faz o que faz se não está satisfeita com o resultado que está alcançando? Afinal, o que tem mobilizado suas ações, suas decisões, suas escolhas? A resposta para essas perguntas está em suas crenças.

Crença é uma ideia que você, em geral de forma inconsciente, decidiu considerar verdadeira e para a qual você dá todo o crédito. E de onde vêm nossas crenças? Dos primeiros "conceitos" com os quais temos contato, ainda na segunda infância. Ouvimos de pais, cuidadores, professores e outras pessoas de nosso convívio uma série de afirmações de como "isso é certo/errado" ou como "determinado comportamento é bom/mau", "adequado/inadequado".

Com o passar do tempo, tomamos para nós esses conceitos e passamos a usá-los como forma de nos relacionarmos com o mundo e com nós mesmas. Isso também nos leva a criar outros conceitos, que vão se fortalecendo, até se tornarem "padrões mentais". E o que são padrões mentais? Nossas crenças! Crenças inquestionáveis que formam uma imagem conceitual de quem pensamos ser. **Quando essas crenças nos paralisam, elas são chamadas de crenças limitantes.**

No Brasil, por exemplo, as crianças são incentivadas a pensar qual profissão seguirão no futuro e quase nunca são estimuladas a empreender. É muito mais comum uma criança querer ser cozinheira, em vez de dona de restaurante; ou médica, em vez de proprietária de clínica. É comum uma empreendedora, quando questionada por amigos e parentes sobre o que faz da vida, escutar frases como: "Mas não conseguiu emprego na área?" ou "Você não quer formar uma família?!".

Eu não tenho a intenção de me aprofundar nesse assunto. Na verdade, quero apenas jogar luz sobre ele. A forma mais eficaz de tratar e transformar as crenças limitantes é com terapia. Não existe fórmula mágica, mas sim processos! Mas você só vai se permitir passar por esse processo se admitir suas crenças limitantes e buscar ajuda para ressignificá-las.

Vou dar um exemplo de crenças limitantes relacionadas a dinheiro. Quando crianças, nossos pais, cuidadores e professores, ao nos verem pegar no dinheiro que havia passado pelas mãos de muita gente, logo avisavam: "Vai lavar a mão, dinheiro é sujo!". Veja bem, a função do cérebro é nos manter vivos e nos fazer prosperar de acordo com aquilo que o programamos. Se, repetidas vezes, ouvimos que dinheiro é sujo, o cérebro vai absorver isso e nos fazer seguir nesse entendimento. Logo, se dinheiro é sujo, é ruim e feio, não o queremos nem devemos falar sobre ele.

Com o passar dos anos, essa configuração mental vai se "aprimorando". À medida que crescemos, cresce também a quantidade de crenças sobre o dinheiro: "Dinheiro não traz felicidade", "dinheiro não dá em árvore", "dinheiro é a raiz de todos os males", "todo rico é desonesto", "só é rico quem nasceu rico", "se ficou rico é porque fez algo ilícito", "ricos não entram no céu" etc.

Talvez você esteja pensando: "Meu Deus! Por que meus pais fizeram isso comigo?". E a resposta é: porque eles reproduziram crenças e comportamentos que herdaram de avós, bisavós... Agora, se você não fizer algo, vai seguir (se é que já não fez) o mesmo padrão com seus filhos. E tudo isso está no nível do subconsciente ou do inconsciente. Sim, esse ciclo precisa e pode ser interrompido. Caso contrário, perpetua-se de geração em geração. Certa vez, ouvi de determinado mentor que um aluno, proprietário de padaria, sistematicamente se deparava com algum "imprevisto", sempre que a padaria alcançava o patamar de lucro na casa dos 5 mil reais. E esse imprevisto o fazia recuar.

Experiente, o mentor perguntou a ele sobre a carreira do seu pai. Ao que o aluno respondeu que o pai, também dono de padaria, sofreu um assalto quando alcançou o patamar de lucro de 5 mil reais. A mãe ficou desesperada e, com frequência, discutia com o pai, criticando a "ganância" dele, dizendo não entender como ele não via o quanto o dinheiro só havia trazido problema para eles; que, se ele não quisesse ganhar mais e mais, não teria sido assaltado... O filho, inconscientemente, não queria desobedecer à mãe nem fazer algo que pudesse provocar aquelas discussões que haviam ficado guardadas em sua memória mais profunda. Por isso, quando chegava ao mesmo patamar de lucro do pai, ele se autossabotava e interrompia seu crescimento financeiro.

No caso das crenças relacionadas ao dinheiro, elas determinam a relação que temos com nossas finanças, definem nossa qualidade de vida e, muitas vezes, nosso sucesso ou insucesso. Entretanto, por mais limitantes que sejam as crenças, é possível livrar-se delas. Por meio da leitura e do convívio com pessoas que têm crenças fortalecedoras nas áreas em que nossas crenças são limitantes, podemos desenvolver novas trilhas mentais. Na maioria dos casos, porém, os processos terapêuticos ainda são as soluções mais eficazes, porque tratam a raiz dessas crenças de forma definitiva. Para além das crenças, existem práticas igualmente limitantes, mas que podem ser ajustadas com facilidade. Muitas dores de cabeça que temos na criação ou no avanço de nossos negócios poderiam ser evitadas e até eliminadas se buscássemos orientação de órgãos como o Sebrae ou se fizéssemos uma simples pesquisa na internet.

SE VOCÊ
QUER ENTRAR,
SOBREVIVER,
PERMANECER E
PROSPERAR NO
EMPREENDEDORISMO,
PRECISA SE
PLANEJAR.

@MARCIAALVES

Se você não se planeja, procure em seu *app* de música uma obra-prima para embalar seus dias: "Deixa a vida me levar", de Zeca Pagodinho.[14] Ouça e veja seus dias percorrerem os passos da letra: "Se a coisa não sai do jeito que eu quero, também não me desespero. O negócio é deixar rolar e, aos trancos e barrancos, lá vou eu. E sou feliz e agradeço por tudo que Deus me deu".

Muita gente pensa que planejamento é apenas sobre dinheiro, mas isso é um erro. Planejar é principalmente definir como utilizar nosso tempo. Para onde queremos direcionar a vida. E se você quer entrar, sobreviver, permanecer e prosperar no empreendedorismo, precisa se planejar.

Eu não vou entrar nas questões relacionadas ao planejamento pessoal, embora isso tenha muito impacto nos negócios. Quero focar em dois tipos de planejamentos fundamentais para a sua vida de empreendedora: o plano de negócios e o planejamento financeiro. Aqui vai um conselho direto: pare o que está fazendo agora e elabore um plano de negócios.

O plano de negócios é um documento que registra os objetivos de seu negócio e os caminhos que devem ser tomados para alcançá-los, diminuindo os riscos e as incertezas. Um plano de negócio permite que você identifique e restrinja seus erros no papel, em vez de cometê-los no mercado. Sei que parece chato tirar um dia na semana para fazer esse planejamento. Mas, dessa forma, diante de uma emergência, você vai poder ir direto para a ação.

Ausência de objetivo claro

No livro *Nunca desista dos seus sonhos*,[15] o dr. Augusto Cury diz que "os sonhos trazem saúde à emoção, equipam os frágeis para serem autores da sua história, renovam as forças do ansioso, animam os deprimidos, transformam os inseguros em seres humanos de raro

---

[14] ZECA PAGODINHO. **Deixa a vida me levar.** Universal Music: 2002.

[15] CURY, A. **Nunca desista de seus sonhos.** Rio de Janeiro: Sextante, 2015.

valor. Os sonhos fazem os tímidos terem rompantes de ousadia e os derrotados serem construtores de oportunidades".

Se você não tiver clareza do que seu negócio oferece, seus clientes também não vão ter. Você precisa criar uma descrição nítida do propósito do empreendimento e, a partir daí, identificar o produto ou o serviço que oferece ou quer oferecer.

Sim, sonhar é importante, mas, ao ficar apenas no nível dos sonhos, acaba-se patinando sem sair do lugar. É preciso traçar objetivos claros e alcançáveis para seu negócio, de acordo com seu tempo, sua capacitação e seus recursos.

Atuação isolada

Quando uma pessoa decide se arriscar sozinha, traçar as estratégias e fazer todo o gerenciamento necessário. Muitas empreendedoras acreditam conseguir administrar suas empresas sozinhas.

Se você não tem esses talentos, forme uma equipe com pessoas que possuam habilidades e conhecimentos diversos. Além disso, conectar-se com outras empreendedoras de sua área de atuação vai ajudar a saber quais são ou eram as dores delas, como decidiram onde gostariam de estar, as dificuldades que enfrentaram ao empreender. É como um atalho de aprender com os erros dos outros.

O QR Code a seguir leva a um **vídeo** que ajuda a compreender melhor esse assunto.

Falta de inteligência emocional

Sei que, ao começar um novo empreendimento ou seguir adiante com o seu, é normal sentir ansiedade, medo e insegurança. E, se essas emoções não forem bem direcionadas, elas podem paralisar você.

O exercício do empreendedorismo exige constantes tomadas de decisões, o que requer um alto grau de inteligência emocional. Esse é um lugar competitivo e, muitas vezes, agressivo. Seu equilíbrio (ou desequilíbrio) emocional vai definir se você vai ou não tomar decisões mais assertivas. E isso passa pelo desenvolvimento de algumas habilidades, como:

- **AUTOCONSCIÊNCIA**
  CONHECER A SI MESMO, ENTENDENDO SEUS SENTIMENTOS E POR QUE CADA UM DELES SURGE.
- **EMPATIA**
  COMPREENDER O QUE OS OUTROS SENTEM, DESENVOLVENDO SOLIDARIEDADE E COMPAIXÃO.
- **AUTORREGULAMENTAÇÃO**
  SABER EXPRESSAR OU CONTER AS EMOÇÕES.
- **HABILIDADES SOCIAIS**
  CAPACIDADE DE INTERAÇÃO, LIDERANÇA, COOPERAÇÃO, NEGOCIAÇÃO, ENTRE OUTRAS.
- **MOTIVAÇÃO**
  ENTUSIASMO, PAIXÃO, LUTA E DESEJO TRANSFORMADOS EM AÇÃO PARA CONQUISTAR.

Desconhecimento de precificação

Estabelecer preço de forma justa e eficiente é um dos segredos para o sucesso de qualquer negócio. Mas não se engane: a tarefa não é tão simples quanto possa parecer e vai muito além de só etiquetar mercadorias.

SEUS RESULTADOS NÃO SÃO OBRA DO ACASO.

ELES SÃO CONSEQUÊNCIAS DE SUAS AÇÕES.

@MARCIAALVES

Por uma questão cultural, muitas vezes as mulheres têm dificuldade em discutir preços, o que frequentemente resulta em subvalorização de seus produtos ou serviços, principalmente quando os negócios têm início de maneira informal e só depois se percebe a oportunidade real. Identificar e compreender essa transição é extremamente relevante.

Falta de controle financeiro

O controle financeiro consiste em pensar a saúde financeira do negócio, sua viabilidade e sua perenidade. A execução e a continuidade da empresa dependem diretamente da disponibilidade financeira ou da capacidade de gerar recursos. Então, tal controle orienta e coordena os passos da empresa rumo a seus objetivos.

Um bom planejamento financeiro começa com informações confiáveis e atualizadas. Por isso, manter os controles financeiros diariamente atualizados é imprescindível. Dessa forma, será possível acompanhar, em tempo real, como está o balanço da empresa e identificar problemas ou desvios no planejamento.

Geralmente mulheres demonstram menos firmeza ao cobrar pagamentos. Gerenciar o fluxo de caixa e cobrar dívidas são aspectos cruciais, que precisam ser abordados. Considere estudar o tema ou, melhor ainda, delegue tarefas para não desviar o foco da estratégia do negócio.

Veja o que Patrícia Turmina, CEO e fundadora da loja de doces Royal Trudel, fala sobre controle financeiro:[16]

Viva sempre um andar abaixo do que pode viver. Nunca na "cobertura", também nunca no porão. Esse é um conceito que aplico na pessoa física e que tento estender à pessoa jurídica. Sei que algumas empresas trabalham alavancadas, mas acredito que, para isso, o negócio precisa ter uma maturidade maior ou sócios mais propensos a risco. No nosso caso, acredito que só

---

[16] EXAME SOLUTIONS. **12 dicas de educação financeira de mulheres empreendedoras.** Disponível em: https://exame.com/invest/minhas-financas/12-dicas-educacao-financeira-mulheres-empreendedoras/. Acesso em: 20 set. 2023.

tivemos caixa o suficiente para sobreviver ao período de pandemia sem endividamento por termos um perfil cauteloso e conservador em relação ao dinheiro da empresa.

Fusão entre aspectos pessoais e profissionais

Nós, mulheres, muitas vezes demonstramos um espírito maternal forte e acabamos nos aproximando demasiadamente de funcionários, tratando-os com certa intimidade. No entanto, esse é um erro a ser evitado. A proximidade excessiva pode atrapalhar decisões relacionadas aos interesses da empresa. É essencial manter uma separação clara entre o pessoal e o profissional.

INSUPERÁVEIS NA CONSTRUÇÃO DE CONEXÕES, NO DESENVOLVIMENTO DE MENTORIA, INVESTIMOS NO DESENVOLVIMENTO DE OUTRAS PESSOAS E TEMOS GENUÍNA PREOCUPAÇÃO COM A COMUNIDADE.

@MARCIAALVES

CAPÍTULO 4

Maria da Anunciação

É POR ISSO QUE NA GRAÇA EU ME MANTIVE SENTADA, QUIETA, SILENCIOSA. É COMO NUMA ANUNCIAÇÃO. NÃO SENDO, PORÉM, PRECEDIDA POR ANJOS. MAS É COMO SE O ANJO DA VIDA VIESSE ME ANUNCIAR O MUNDO.

(*ÁGUA VIVA*, CLARICE LISPECTOR)

Segundo a escritora brasileira Nélida Piñon,[17] "há frases que percorrem o mundo revestidas de autoridade. Basta pronunciá-las para que todos se deixem convencer de seus acertos". Eu concordo com ela tanto na afirmação quanto num dos exemplos que ela seleciona: "Conhece-te a ti mesmo". Essa frase foi difundida pelo filósofo grego Sócrates e, definitivamente, é o princípio de nosso crescimento, em todas as áreas da vida.

Desenvolver o autoconhecimento é uma das habilidades mais importantes para o sucesso pessoal e profissional. Identificar e compreender os processos mentais é essencial para levar uma vida mais saudável e equilibrada, bem como para fazer escolhas e tomar decisões quanto ao negócio. Quando a pessoa não pratica o autoconhecimento, ou seja, não procura conhecer suas emoções, seus temores, seus limites e suas habilidades, é fácil que ela se perca. No capítulo anterior, tratamos de desafios cotidianos que enfrentamos quando escolhemos percorrer a jornada do autoconhecimento. Agora quero ajudá-la a superar cada um deles.

O autoconhecimento está intimamente ligado à inteligência emocional. É a inteligência emocional que determina que tipo de resposta damos a pessoas e situações, a partir de suas emoções e seus sentimentos. Nesse processo, para medir seu nível de in-

---

[17] PIÑON, N. Conhece-te a ti mesmo. Disponível em: https://www.academia.org.br/artigos/conhece-te-ti-mesmo. Acesso em: 20 set. 2023.

teligência emocional e prever atitudes e sentimentos, é preciso ter autoconhecimento.

Quero sugerir dois exercícios para você se conhecer mais e melhor.

Aprenda a expressar o que sente

O filósofo Wittgenstein disse: "Os limites de meu idioma significam os limites de meu mundo". É muito importante saber expressar seus sentimentos em palavras claras e assertivas. As emoções criam respostas físicas e comportamentais poderosas que são mais complexas que um simples "feliz" ou "triste". É preciso diferenciar "raiva" de "frustração" e saber verbalizar isso.

Atenção! Nesses momentos, não se julgue. Apenas fale ou escreva o que está sentindo. Não existe sentimento certo ou errado; não há problema em sentir raiva ou ódio de alguém. O problema é não compreender por que sente isso e deixar esses sentimentos atrapalharem sua vida.

A seguir, confira uma série de emoções/sentimentos que você pode e deve começar a perceber para ampliar seu vocabulário emocional: agitação, agonia, agressividade, alegria, alienação, amargura, amor, angústia, ansiedade, apatia, apego, arrependimento, aversão, calma, carência, constrangimento, culpa, cumplicidade, decepção, dependência, embaraço, entusiasmo, espanto, esperança, expectativa, felicidade, frustração, gratidão, humilhação, incapacidade, indecisão, indiferença, inferioridade, ingenuidade, ingratidão, inibição, inquietação, insatisfação, insegurança, inveja, irritação, mágoa, medo, necessidade, negligência, obstinação, ódio, orgulho, paralisia, pavor, paz, raiva, rancor, rejeição, remorso, repugnância, ressentimento, serenidade, solidão, surpresa, tédio, timidez, urgência, vaidade, vulnerabilidade.

É fundamental saber discernir e nomear suas emoções. Quanto mais precisa a identificação, mais fácil reconhecer os gatilhos que as desencadeiam.

DESENVOLVER O AUTOCONHECIMENTO É UMA DAS HABILIDADES MAIS IMPORTANTES PARA O SUCESSO PESSOAL E PROFISSIONAL.

@MARCIAALVES

TENHA CONSCIÊNCIA DA SUA LINGUAGEM CORPORAL

Observar-se em um vídeo pode ser uma boa experiência, pois a consciência de seus maneirismos, postura e linguagem corporal melhora sua confiança e seu autoconhecimento.

Deslocar-se de um lado para o outro ou tomar uma "pose de baixa potência" (meio morna, com os braços largados, jogado na cadeira) aumenta o cortisol e alimenta a baixa autoestima. Estar em pé ou manter uma "pose de alta potência" (empoderada, com postura, olhos na linha do horizonte) estimula a testosterona e melhora seu desempenho. Esse exercício é muito bom; vale a pena tentar. Além disso, o gestual também ajuda a articular os pensamentos e afeta a forma como as pessoas se atentam e respondem a você.

Dica: grave um discurso ou uma apresentação e avalie sua postura e seus gestos. Assista a vídeos de oradores qualificados e perceba os trejeitos deles deles para melhorar os seus.

DIGA "NÃO" A SI MESMA

Adiar o prazer momentâneo e favorecer o ganho no longo prazo é uma habilidade vital. No universo do empreendedorismo, você vai precisar dizer muitos "nãos" a si mesma e aos outros, se quiser ter um negócio de sucesso.

Pessoas bem-sucedidas não fazem tudo que querem. Elas fazem o que precisa ser feito. Quanto mais você pratica dizendo "não" a pequenos empecilhos diários, mais você se torna capaz de suportar tentações. O corpo humano é movido por impulsos: comida, prazer, descanso... Não se deixe guiar por eles, ou eles a levarão ao fracasso.

À medida que se conhecer e reconhecer seus pontos fortes e suas vulnerabilidades, você vai poder atuar sobre eles. Uma pessoa só vai ao médico quando reconhece sua enfermidade – e só será curada se se submeter ao tratamento prescrito. A simples leitura deste livro não vai fazer de você uma empreendedora de sucesso; é preciso colocar em prática tudo que aprender aqui.

No capítulo anterior, pontuei aspectos práticos que interferem diretamente nos negócios. Neste, ajudo e instrumentalizo você para não tropeçar neles.

Uma importante ferramenta de autoconhecimento são as **Âncoras de Carreira**, criadas por Edgar Schein, teórico do mundo do trabalho. O teste indica os valores que motivam sua tomada de decisões. No total, são oito âncoras: autonomia, segurança, competência técnico-funcional, competência gerencial, criatividade empreendedora, dedicação a uma causa, puro desafio e estilo de vida. Faça o teste através do QR code a seguir.

Vamos falar de planejamento?

Sem planejamento, há grandes chances de você tomar decisões erradas e prejudiciais a seu futuro e ao futuro de seu negócio – ou, no mínimo, de não chegar tão longe quanto poderia. Se quer sair de seu estado atual, seja no âmbito pessoal, seja no dos negócios, e se desenvolver para alcançar estágios mais evoluídos, você precisa aprender a se planejar.

Uma ferramenta eficaz para o **planejamento pessoal** é o método Smart (sigla em inglês para as iniciais de "específico", "mensurável", "alcançável", "relevante" e "temporal". Cada um dos termos indica uma etapa do planejamento pessoal.

À MEDIDA QUE SE CONHECER E RECONHECER SEUS PONTOS FORTES E SUAS VULNERABILIDADES, VOCÊ VAI PODER ATUAR SOBRE ELES.

@MARCIAALVES

ESPECÍFICO

Seu objetivo deve ser claro e específico. Para isso, responda a cinco perguntas:

- O que pretendo realizar?
- Por que isso é importante?
- Quem está envolvido?
- Onde está localizado?
- Quais recursos ou limites estão implicados?

MENSURÁVEL

É importante ter metas cujo progresso você consiga avaliar. Isso vai ajudá-la a manter o foco, cumprir prazos e sentir a emoção de se aproximar do objetivo. Para isso, responda às seguintes perguntas:

- Quanto custa?
- Quantos estarão envolvidos?
- Como vou saber quando o objetivo foi alcançado?

ALCANÇÁVEL

O objetivo de seu planejamento pessoal precisa ser realista e atingível para ser bem-sucedido. A fim de desenvolver um objetivo alcançável, você precisa saber:

- Como é possível atingir esse objetivo?
- Quão realista é o objetivo, com base em outras restrições, como fatores financeiros?

RELEVANTE

Esse passo garante que seu objetivo seja importante para você e que ele se alinhe com outros objetivos relevantes. Assim, veja se responderia "sim" a estas questões:

- **Isso parece ser útil?**
- **É o momento certo?**
- **Isso combina nossos outros esforços/necessidades?**
- **Eu sou a pessoa certa para atingir esse objetivo?**
- **É aplicável no atual ambiente socioeconômico?**

PRAZO

Seus objetivos precisam de uma data limite, um prazo estabelecido. Confira as perguntas:

- **Quando?**
- **O que posso fazer em seis meses?**
- **O que posso fazer em seis semanas a partir de agora?**
- **O que posso fazer hoje?**

Para montar seu plano de negócios, há diversos modelos disponíveis no mercado. No site do Sebrae, é possível encontrar seis ferramentas para o planejamento estratégico de uma empresa. E você ainda pode baixá-las em PDF. Vale a pena conferir. Acesse o QR code a seguir ou veja um breve resumo.

- *MISSÃO, VISÃO E VALORES*
  INDICADA PARA ORGANIZAÇÕES QUE QUEIRAM DEFINIR A DIREÇÃO ESTRATÉGICA DA EMPRESA: DA INTEGRAÇÃO DAS OPERAÇÕES À ESTRATÉGIA DA COMPANHIA E DA MOTIVAÇÃO DA EQUIPE.

- *ANÁLISE 360 GRAUS DE OPORTUNIDADES DE NEGÓCIO*
  INDICADA PARA EMPREENDEDORES QUE QUEIRAM AVALIAR, NUM PACOTE DE IDEIAS, QUAL DELAS REPRESENTA A MELHOR OPORTUNIDADE DE NEGÓCIO.

- *ANÁLISE SWOT*
  INDICADA PARA ORGANIZAÇÕES DE TODOS OS PORTES, PROPORCIONA UMA ANÁLISE DOS PONTOS FORTES E FRACOS E OPORTUNIDADES E AS AMEAÇAS DE UM NEGÓCIO.

- *AS CINCO FORÇAS DE PORTER*
  INDICADA PARA ORGANIZAÇÕES DE TODOS OS TAMANHOS E QUE QUEIRAM ANALISAR O AMBIENTE COMPETITIVO EM QUE ESTÃO INSERIDAS E PARA DETERMINAR O MELHOR POSICIONAMENTO DIANTE DE CONCORRENTES.

- *MATRIZ BCG*
  INDICADA PARA EMPRESAS ESTABELECIDAS QUE JÁ TENHAM CARTEIRA DE PRODUTOS OU SERVIÇOS OFERECIDOS.

- *DEFINIÇÃO DE METAS PARA PEQUENAS E MÉDIAS EMPRESAS*
  INDICADA PARA EMPRESAS DE MÉDIO E PEQUENO PORTE, AJUDA A TORNAR MAIS CLAROS OS CONCEITOS DE OBJETIVO, INDICADOR E META, QUE SÃO COMPLEMENTARES, MAS DIFERENTES.

Independentemente do setor em que se empreende, ter um planejamento financeiro e saber controlar os gastos são essenciais para prosperar, tanto no âmbito pessoal quanto no empresarial. Com o planejamento financeiro, você terá um controle detalhado de lucros, prejuízos e possíveis problemas nessa área, além vislumbrar metas e objetivos específicos.

Hoje, graças ao avanço da tecnologia, há vários aplicativos para planejamentos financeiros. Confira três deles:

- **MOBILLS**
  CONTROLE FINANCEIRO PESSOAL E FAMILIAR, COM GERENCIAMENTO DE CARTÕES, PLANEJAMENTOS, ALERTAS, OBJETIVOS E RELATÓRIOS.

- **GUIABOLSO**
  SINCRONIZAÇÃO DE CONTAS BANCÁRIAS E CARTÕES, VISUALIZAÇÃO DE EXTRATOS, ORGANIZAÇÃO DO DINHEIRO EM CATEGORIAS, ESTIMATIVAS DE RENDA E GASTOS MENSAIS E LEMBRETES DE PAGAMENTOS.

- **MONEFY**
  CONTROLE DE GASTOS DIÁRIOS E MENSAIS, ORGANIZAÇÃO DE CONTAS, PLANEJAMENTO FINANCEIRO E VISUALIZAÇÃO DA CONTABILIDADE.

Quando falamos de planejamento empresarial, devemos primeiro nos preocupar com o que não fazer. Ou seja, quais erros evitar ao fazer um planejamento empresarial. Confira a seguir uma lista dos principais erros a evitar:

- **MISTURAR GASTOS EMPRESARIAIS E PESSOAIS**
  SE AS CONTAS NÃO FOREM SEPARADAS, NÃO HAVERÁ CONTROLE FINANCEIRO, E DIFICILMENTE VOCÊ SABERÁ SE O NEGÓCIO DÁ LUCRO OU PREJUÍZO.

- **NÃO REALIZAR FLUXO DE CAIXA**
  SEM FLUXO DE CAIXA, AS MOVIMENTAÇÕES FINANCEIRAS DA EMPRESA ESTARÃO EM RISCO E VOCÊ NÃO PODERÁ FAZER PROJEÇÕES DE VENDAS NEM CONSEGUIRÁ EVITAR ERROS FINANCEIROS.

- **NÃO CONTROLAR ESTOQUE**
  O ACOMPANHAMENTO DO ESTOQUE GARANTE O EQUILÍBRIO DE ENTRADAS E SAÍDAS.

- **PRECIFICAR ERRADO**
  A PRECIFICAÇÃO DO PRODUTO DEVE SER FEITA DE MANEIRA A COBRIR TODOS OS CUSTOS E DAR LUCRO. HÁ VÁRIOS MODELOS DE PRECIFICAÇÃO. O QR CODE A SEGUIR LEVA AO SITE DO CORA, ONDE É POSSÍVEL BAIXAR PLANILHAS DE CADA MODELO.

- **NÃO CONTROLAR AS OPERAÇÕES**
  O CONTROLE DE OPERAÇÕES DE COMPRA E VENDA GARANTE FINANÇAS SAUDÁVEIS E A POSSIBILIDADE DE PROJEÇÕES E PLANOS FUTUROS.

Agora vamos falar das principais ações de **planejamento financeiro empresarial**.

ANALISAR A SITUAÇÃO ATUAL

Entenda o valor que tem disponível para investimento e tenha uma ideia clara do que precisa ser feito para que a empresa maximize resultados. Para isso, a ferramenta Swot é uma excelente opção.

DEFINIR METAS

Estabeleça metas globais, restrições de receita, custos, despesas e o valor em investimento operacional que você está disposta a fazer no empreendimento.

CRIAR UM PLANO DE AÇÃO

Hora de traçar um plano para atingir os objetivos estipulados, com cronograma, tarefas e ações. Tudo precisa ser registrado para avaliação futura.

ELABORAÇÃO DE ORÇAMENTO ANUAL

O orçamento anual é a tradução dos planos estratégicos em números, com quanto vai pagar, quais limites de custos e taxas cumprir e quais investimentos realizar.

PREVISÃO DE CENÁRIOS ALTERNATIVOS

O planejamento financeiro empresarial também envolve antecipar outros cenários possíveis, tanto positivos como negativos.

Agora, já que estamos falando de dinheiro, não podemos esquecer o desafio que boa parte das mulheres empreendedoras encaram quando a independência financeira não é vista com bons olhos pela família.

Muitas mulheres enfrentam essa realidade e, por não conseguirem o apoio do marido – principalmente quando o empreendimento ainda está no início e os resultados não são tão evidentes –, acabam abrindo mão de seus sonhos. Isso, por sua vez, acaba gerando prejuízo para o relacionamento. Se é o seu caso, aqui vão algumas dicas sobre como conduzir a situação.

NÃO SE DESCULPE

Se você se coloca numa posição de quem tem culpa de algo, isso só piora a situação. Reconheça que seu rendimento é fruto de seu esforço e tenha orgulho dele. Sua participação nas finanças da casa e sua contribuição na vida de seus filhos e até mesmo de seu marido são frutos de seu trabalho – e você não tem culpa se seu marido não obtém o mesmo resultado.

Contudo, vá com calma. Enquanto atravessa esse processo de adaptação a seu novo estilo de vida, seja discreta, não faça alarde de quanto ganha nem do que pode adquirir. Entenda que a forma como seu marido enxerga seu crescimento é fruto das crenças dele. Tenha paciência!

SEJA HONESTA CONSIGO MESMA

Observe se a reação de seu marido não é uma resposta a algum comportamento seu. Talvez seja você a pessoa incomodada com a nova situação. Você mudou e cresceu. E ele ainda não. Seja honesta consigo mesma e se pergunte: qual é o real problema?

Desta vez, por causa de suas crenças, que podem ter sido geradas numa família em que a figura do provedor é sempre a paterna, é você quem se incomoda com o ritmo lento ou a inércia dele. Talvez você queira que ele tome para si responsabilidades financeiras maiores ou se sinta injustiçada porque tem investido mais para sua a família ter uma qualidade de vida melhor. Pode ser também que pense que ele não se esforça o bastante.

Essas respostas são fundamentais para que esse incômodo se resolva, e isso vai exigir do casal uma conversa aberta.

APOSTE NO DIÁLOGO

Converse! E, acima de tudo, **ouça**! Pare de julgar seu marido tirando conclusões daquilo que você imagina que ele está pensando. Caso se sinta incomodada com a situação, ponha-se no lugar dele! Para evitar julgamentos precipitados, considere ter uma conversa franca e empática em que cada um possa expor como enxerga a situação. O diálogo é poderoso na solução desse tipo de atrito.

MOSTRE QUE VOCÊ RESPEITA O QUE ELE FAZ

Se o incômodo vier mesmo da parte do seu marido, ajude-o a reconfigurar algumas crenças, investindo na autoestima dele. Demonstre pelo trabalho dele o mesmo interesse que você gostaria que ele demonstrasse pelo seu. Reconheça o esforço dele e deixe claro que o sucesso de vocês depende um do outro. E lembre-se: não precisa se desculpar. Afinal, quando o sucesso do seu marido é maior, ele não se desculpa, não é mesmo?!

DIVIRTAM-SE!

Independentemente de quem é a principal fonte de renda da casa, invistam em programas a dois, passem tempo juntos, fortaleçam os laços afetivos. Escolham programas cujos gastos estejam acessíveis aos dois.

O poder das crenças

Crenças são ideias ou pensamentos fixos que nos impulsionam ou nos impedem de agir. As crenças determinam se nossos resultados serão positivos ou negativos, e há duas principais origem para as crenças.

Crenças familiares dizem respeito àquilo que herdamos genética e historicamente da família. São hábitos e comportamentos que parecem enraizados, que não costumam ser questionados e que, inconscientemente, acreditamos que estamos fadados a repetir. Quantas vezes disseram que você é igual à sua mãe? Ou à sua avó ou ao seu irmão?

Quando essas atitudes são positivas ou não trazem limitação mental, menos mal. Mas você não precisa repetir a história de ninguém. Portanto, reflita se tais crenças ou hábitos fazem sentido para você e se vale a pena transmiti-los para a próxima geração.

Já as **crenças primárias** se referem a nossos paradigmas, ou seja, à forma como enxergamos a nós mesmas, as pessoas e o mundo. Elas são a principal fonte de limitação. Embora sejam formadas principalmente na infância, as crenças primárias podem ser recriadas durante toda a vida, a partir de experiências e vivências, segundo aquilo que consideramos certo ou errado.

Vale comentar que, das crenças negativas, nenhuma é mais limitante para uma empreendedora que as crenças financeiras desajustadas. Por isso, quero conduzi-la por um processo de eliminação das crenças limitantes sobre dinheiro.

PASSO 1: AUTORRESPONSABILIZAR-SE

Você nunca vai mudar se não assumir sua responsabilidade nesse processo. Independentemente de como essas crenças foram instaladas em sua mente, não existem culpados.

PASSO 2: PARAR DE DAR DESCULPAS

O segundo passo é reconhecer que você tem limitações ao lidar com dinheiro e que essas limitações são frutos de suas crenças, não culpa do governo, do marido, do sistema econômico ou dos astros desalinhados. Admita que elas existem e reconheça que atuam sobre você.

PASSO 3: IDENTIFICAR E ANALISAR

Esta etapa requer tempo e reflexão, pois as crenças foram espalhadas ao longo de sua vida, mas principalmente na infância. Se você não se lembrar de como era a situação financeira de sua família (às vezes essas crenças são tão impactantes que nossa mente pode bloqueá-las), converse com pais, irmãos, pessoas com quem você cresceu. Liste todas as suas lembranças e as informações adquiridas com terceiros. Então, reflita sobre os efeitos que cada uma delas provocou em sua vida.

Caso não se lembre de todas, não se preocupe. Quando começamos a mexer nessa caixinha, elas passam a se revelar em situações cotidianas e, principalmente, quando se está com a mente relaxada. Por isso, não se aflija!

PASSO 4: DESEJAR

Deixe bem claro para si mesma quanto essas crenças limitaram sua vida e deseje ardentemente exterminá-las. Se necessário, escreva um texto, uma carta para si mesma, falando sobre como sua vida financeira será depois desse processo.

Mesmo que não consiga ver as mudanças, acredite que elas estão acontecendo e não abra mão da paz mental que pode alcançar em relação às finanças. Se perceber que não vai conseguir sozinha, recorra a terapias e outras técnicas, lembrando que o propulsor dessa mudança sempre será seu desejo ardente. É imprescindível ter vontade de eliminar a mentalidade de escassez, de dor e de dificuldade em relação ao dinheiro.

PASSO 5: AGRADECER

Sua vida é resultado de todas as escolhas que você fez até aqui. Nem tudo foi positivo na jornada, mas também não foi tudo negativo. Portanto, seja grata! Tempos difíceis forjam mulheres fortes, mulheres fortes propiciam tempos amenos para sua descendência. Se não consegue ser grata a seus pais, por exemplo, seja grata a Deus por lhe dar oportunidades de reescrever sua história.

"Gratidão é a memória do coração" e tem o poder de liberar o passado, reconhecendo quão importante ele foi e, ao mesmo tempo, se abrindo para o novo.

PASSO 6: CONFRONTAR

As crenças limitantes são fantasias criadas para protegê-la. Como são forjadas fundamentalmente na infância, e porque nossa mente é atemporal, agora que você é adulta pode confrontá-las com a verdade e eliminá-las ou ressignificá-las.

Se antes você dizia que "dinheiro não dá em árvore", entenda que "dinheiro é semente" e, uma vez semeado, vai frutificar. Se você pensava que "gente rica tem muito problema", considere quantos problemas surgem por falta de dinheiro.

Percebe como as "falas" vazias, mentirosas, fantasiosas precisam ser confrontadas com a verdade?

PASSO 7: NEUTRALIZAR

Você já deve ter percebido que esse é um longo e desafiante processo. É hora de deixar para trás velhos hábitos e se afastar de tudo que não contribui para a eliminação de crenças limitantes, inclusive das pessoas que ainda pensam da forma como você pensava.

Quando o convívio é inevitável, mantenha a mente focada em uma vida próspera e feliz.

PASSO 8: RECONFIGURAR

Não basta eliminar as crenças limitantes, é preciso substituí-las por crenças fortalecedoras. Se não criar novas trilhas mentais, sua mente vai reativar as antigas. É hora de fortalecê-las com leitura, filmes, palestras, cursos, novas amizades que a ajudem a configurar uma nova maneira de ver e lidar com o dinheiro, de forma a estar aberta a abundância, prosperidade e riqueza.

Estimule sua visão empreendedora

SEJA AUTÊNTICA!

Ninguém faz o que você faz da forma como você faz! Você é única, cheia de talentos e tem um jeito especial de desenvolvê-los. Aposte em quem você é!

CAPACITE-SE!

Existem vários sites e cursos com treinamentos, gratuitos e pagos, mas nada vale mais que um aprendizado presencial. Participe de palestras, congressos e treinamentos. Considere capacitar-se frequentemente.

ESTUDE!

Invista em formações de médio e longo prazo, como graduação, pós-graduação e especialização. Existem muitas faculdades com formação presencial, EAD ou híbrida. Escolha a que melhor se encaixa em seu contexto e estude, estude, estude! Aprenda com experiências de quem já abriu um negócio. Leia jornais diários, revistas de economia, sites do segmento. Atualize-se sempre!

SAIA DA BOLHA!

Em todos os eventos e situações sociais de que participar, faça contatos. Procure conhecer e se relacionar com pessoas que vão somar. Busque um mentor ou uma mentora. Não caminhe sozinha!

SEJA DISCIPLINADA!

Estipule uma rotina. Use agenda. Não confie apenas em sua memória. Mantenha o foco.

SEJA OUSADA!

Quando tem certeza de que um projeto vai dar certo, mas faltam recursos, considere ter um sócio investidor, levantar recursos no banco com juros atrativos ou, ainda, unir-se a alguém que tenha o mesmo desejo que você, com objetivos e valores que se identifiquem com os seus, e forme uma sociedade.

AUMENTE SUAS VENDAS!

Crie uma novidade, um produto ou relance um produto. Faça uma condição diferenciada para seus clientes atuais comprarem os produtos em estoque. Faça um programa de indicações, de benefícios. Resgate contato com os clientes que não compram de você há algum tempo. Faça um treinamento com o time de vendas. Crie uma oferta de menor valor (*downsell*) e de maior valor (*upsell*). O ciclo de sucesso de uma verdadeira líder: planeja, acompanha, treina e motiva. Fuja da falta de visão, da impaciência, da procrastinação e da falta de comunicação. Elas são inimigas mortais do sucesso!

SUA PARTICIPAÇÃO NAS FINANÇAS DA CASA E SUA CONTRIBUIÇÃO NA VIDA DE SEUS FILHOS E ATÉ MESMO DE SEU MARIDO SÃO FRUTOS DE SEU TRABALHO.

@MARCIAALVES

CAPÍTULO 5

Maria da Glória

> **N**ÃO EXISTEM MÉTODOS FÁCEIS PARA RESOLVER PROBLEMAS DIFÍCEIS.
> (RENÉ DESCARTES)

Transformando visão em *mindset* empreendedor

O Brasil é um país de economia e política instáveis, e a insegurança ronda trabalhadores que não são concursados. Afora esses, todo brasileiro, em algum momento, já sonhou (ou ainda vai sonhar) em ter seu próprio negócio. No que diz respeito às mulheres, ainda paira sobre elas uma série de desvantagens quando se encontram empregos formais: cargo, salário, tempo e possibilidades.

Uma pesquisa do IBGE[18] mostra, por exemplo, que, em 2019, as mulheres receberam, em média, 77,7% do montante obtido pelos homens. Nos cargos de direção e gestão, elas receberam 61,9% do que receberam os homens; e nas áreas de ciências e intelectuais, essa diferença é de 63,9%. A discrepância fica ainda mais gritante quando essas mulheres são mães e cuidadoras do lar, pois, além de encontrarem um espaço menor no mercado de trabalho, elas também terão uma carga horária total (fora e dentro de casa) muito maior que a dos homens.

Se empreender traz uma série de vantagens, para mulheres gera também uma série de desafios. Assim, fazer aquilo de que se gosta, ser sua própria chefe, trabalhar em horários flexíveis são bônus dos quais elas nem sempre conseguem desfrutar. A dupla jornada vai exigir que você encontre o caminho certo para alcançar o objetivo que tem em mente e vai exigir um *mindset* empreendedor bem especializado.

---

[18] AGÊNCIA Brasil. **Mulher ganha em média 79,5% do salário do homem, diz IBGE**. Disponível em: https://agenciabrasil.ebc.com.br/economia/noticia/2019-03/mulheres-brasileiras-ainda-ganham-menos-que-os-homens-diz-ibge. Acesso em: 20 set. 2023.

Em português, isso pode ser chamado de "configuração mental", ou "o que você pensa sobre determinada coisa". Ou seja, o *mindset* da mulher empreendedora determina a forma como a mente dela organiza sua visão de mundo, suas crenças, seus valores, tudo dentro de um contexto que parece estar na contramão do padrão social em que o somente o homem é visto como provedor.

Não vou negar que algumas mulheres parecem nascer com esse *mindset* praticamente formado. Outras precisaram desenvolvê-lo, a partir de cursos, treinamentos, de diversas ferramentas que trabalham o comportamento.

O QUE É MINDSET EMPREENDEDOR

Existe diferença entre ser empreendedor e querer ter os benefícios do empreendedorismo, e as redes sociais não mostram os processos pelos quais precisamos passar para nos tornarmos empresárias. Não basta mudar a bio do perfil e escrever um monte de siglas para se tornar empreendedora.

Você conhece alguém que recebeu uma indenização e decidiu abrir o próprio negócio, mas, depois de gastar boa parte do recurso e de fazer tudo "certinho", acabou quebrando? Muitas vezes isso acontece porque não houve a troca de *mindset*. Em minha experiência como mentora, vi muitas mulheres querendo empreender com a mesma mentalidade que tinham quando eram funcionárias de uma empresa.

Se você já teve um emprego com carteira assinada, responda a uma pergunta: quantas vezes você se pegou preocupada com ISS, ICMS, COFINS, IPI, IRPJ, PIS ou Pasep? Ou com NF-e (nota fiscal eletrônica de produtos ou mercadorias), CT-e (conhecimento de transporte eletrônico), NFS-e (nota fiscal eletrônica de serviços), NFC-e (nota fiscal ao consumidor eletrônica), CF-e (cupom fiscal eletrônico) ou MF-e (módulo fiscal eletrônico)?

Boa parte dos empreendimentos que deram errado pertencia a pessoas que abriram negócios e permaneceram com a mesma mentalidade de antes. E essas novas preocupações cotidianas que você vai ter mais cedo ou mais tarde, como empreendedora, são apenas a ponta do iceberg. Existem competências mais "profundas" que vão fundamentar a formação de seu *mindset* empreendedor. Por exemplo:

PROPÓSITO

Empreender sem um propósito é o mesmo que navegar em alto-mar sem cartas cartográficas e bússolas. Estabelecer metas e prazo para cumpri-las, desenvolver um objetivo claro e fazer um planejamento bem definido é fundamental para ter sucesso.

COMUNICAÇÃO

Saber se comunicar com o cliente, a equipe e os fornecedores vai além de inverter os papéis de uma situação de diálogo. Para o sucesso de seu empreendimento, você precisa desenvolver a escuta empática, a linguagem corporal e um discurso claro e assertivo.

PROATIVIDADE

Toda liderança é dada àquele que faz além do que foi pedido. Isso é proatividade. No empreendedorismo, não é diferente. Para que um empreendedor seja bem-sucedido, não basta cumprir aquilo que deve ser feito; é preciso buscar mais, um destaque, um diferencial. Sempre visando ao cumprimento dos objetivos do negócio, é claro.

CRIATIVIDADE E INOVAÇÃO

Inovação e criatividade são os pilares do negócio. Se você entrega o mesmo produto ou serviço que seu concorrente, um dos dois vai quebrar. Criatividade é a capacidade de criar algo novo a partir da imaginação. A inovação é a capacidade de caminhar nas ideias que nascem da criatividade, explorá-las e ver seus efeitos na prática.

BOA PARTE DOS EMPREENDIMENTOS QUE DERAM ERRADO PERTENCIA A PESSOAS QUE ABRIRAM NEGÓCIOS E PERMANECERAM COM A MESMA MENTALIDADE DE ANTES.

@MARCIAALVES

ACEITAR CRÍTICAS

Esteja aberta a feedbacks e aprenda a lidar com o lado construtivo dos feedbacks negativos, por mais difícil que seja. Repare os erros.

Além disso, o desenvolvimento do *mindset* empreendedor vai permitir que você desenvolva duas habilidades fundamentais para o sucesso:

- **identificar as necessidades/dores da comunidade em que você vive;**
- **entregar as soluções que curam essas dores/necessidades.**

Para entender as necessidades/dores da comunidade de seu público-alvo, é essencial conhecê-lo mais a fundo, e para isso você precisa:

- **pesquisar as demandas;**
- **identificar os incômodos;**
- **atentar-se aos feedbacks;**
- **interagir constantemente;**
- **conhecer a solução que você oferece.**

PESQUISA DE NECESSIDADES

Ouça seu público. Tenha uma rotina de pesquisa para aprimorar seu produto. Use as redes sociais, os formulários (lembre-se de ser objetiva), os apps de comunicação e tudo que estiver ao seu alcance. Busque conhecer o perfil de seus clientes, como faixa etária, nível de informação, localização e canais de comunicação.

Compreenda o que incomoda seu público

Seja empática, isto é, coloque-se no lugar do cliente. No site do Sebrae é possível conhecer mais sobre uma técnica interessante para saber o que incomoda seu público: o mapa da empatia. O link está neste QR Code:

ATENTE-SE AOS FEEDBACKS

O feedback dos clientes é o termômetro para melhorar a qualidade do produto/serviço que você oferece. Procure estar presente em vários canais de comunicação, principalmente naqueles a que você mesma poderá responder. Essa é a melhor forma de mostrar que sua marca se preocupa com o que o cliente pensa. É interessante também desenvolver uma política de pós-venda para entender o nível de satisfação do cliente.

INTERAJA COM SEU PÚBLICO

A interação com os consumidores permite que você compreenda as necessidades e as dores deles, podendo focar a solução dos problemas, principalmente por meio de conteúdo de valor nas redes sociais.

IDENTIFIQUE A SOLUÇÃO

Mesmo sabendo da necessidade de bebermos um mínimo de três litros de água por dia, a maioria das pessoas só bebe água quando tem sede. Na hora de comprar, seu cliente não age muito diferente. Ele compra porque quer solucionar algum problema.

Quanto mais detalhadamente você conhecer seu produto, mais vai saber a que público ele atende e que mudanças serão necessárias para expandir as vendas.

Portanto, tenha em mente que, quando você vende um produto, não é ele que você está vendendo de fato, e sim a solução que ele representa. Silvio Meira, cofundador do Porto Digital no Recife e um dos caras mais inovadores do Brasil, resumiu em uma frase o pulo do gato do empreendedor: "Descobrir quem vai te pagar por um produto ou serviço. Como, onde, quando e, principalmente, por que vai te pagar".[19]

A solução que você entrega precisa gerar valor para o cliente, de forma que ele esteja disposto a adquiri-la independentemente do preço.

Superações: recomeços e poder de adaptabilidade

O mundo pós-pandêmico criou um novo estilo de vida e exigiu adaptação a diferentes cenários. Todos passamos por momentos desafiadores, e uma coisa é certa: as mudanças são inevitáveis e acontecem em todas as áreas da vida.

Você já teve a oportunidade de ver, mesmo que seja pela TV ou na internet, um camaleão se camuflando? A camuflagem é uma das capacidades de se adaptar que esse réptil tem. A adaptabilidade pode ser a situações, circunstâncias e necessidades. A pessoa que desenvolve esse tipo de habilidade consegue viver sem tantos prejuízos emocionais, sob condições distintas daquelas a que sempre esteve acostumada.

QUÃO ADAPTÁVEL VOCÊ É?

Você já parou para refletir sobre seu comportamento diante de situações imprevisíveis? Quero lhe propor um exercício.

- Registre, durante dez dias, quantas vezes você reclamou ou se lamentou de algo ao longo do dia.
- Depois desse período, sendo muito sincera consigo mesma, conte o número de vezes que reclamou.

---

[19] Disponível em: https://pt.linkedin.com/pulse/o-jogo-do-empreendedorismo-%C3%A9-gerar-entregar-e-valor-sosnowski. Acesso em: 20 set. 2023.

PROCURE ESTAR PRESENTE EM VÁRIOS CANAIS DE COMUNICAÇÃO, PRINCIPALMENTE NAQUELES A QUE VOCÊ MESMA PODERÁ RESPONDER.

@MARCIAALVES

- Se a soma ultrapassar dez, significa que você está muito longe de ser uma pessoa adaptável e isso influencia diretamente seus resultados.

Investir em nossa capacidade de adaptação traz benefícios que se estendem ao campo afetivo, social e empresarial. Reduz a sensação de frustração, aumenta as possibilidades de sucesso ao empreender e melhora a qualidade de vida. Como desenvolver a adaptabilidade?

- **Invista em autoconhecimento;**
- **Exercite a inteligência emocional;**
- **Tenha a mente aberta;**
- **Foque nos resultados;**
- **Esteja sempre pronta para aprender;**
- **Mantenha um pensamento positivo;**
- **Aceite ajuda.**

O filósofo Heráclito alertou, há milhares de anos, que "nada é permanente, exceto a mudança".[20] Se quiser se destacar no mercado empreendedor, você precisa ser uma agente ativa de sua transformação!

O que é recomeçar se não adaptar-se a um novo tempo e um novo lugar? Grandes empresários que tiveram de recomeçar suas carreiras não só apostaram tudo em sua capacidade de adaptabilidade, como souberam aproveitar o novo ambiente para desenvolver sua capacidade de inovação.

Desenvolvimento humano: evolução constante

Se "o tempo não para", isso requer de nós constante evolução. Desenvolver a autoconsciência que leva ao autoconhecimento, reconhecer a necessidade de sempre aprender mais, desenvolver a

---

[21] CAYMMI, D. **Modinha para Gabriela.** In: COSTA, G. Meu nome é Gal. Rio de Janeiro: Polygram, 1988 (2min57).

inteligência emocional que nos garante o amadurecimento e assumir a responsabilidade por nosso próprio destino são pilares de seu sucesso e do sucesso de seus negócios.

Tudo começa pela autoconsciência, entendendo seus sentimentos e por que eles surgem. Passa pelo reconhecimento da própria vulnerabilidade (o que exige maturidade emocional) e pelo entendimento de que somos nós que estamos no controle, não o outro nem as circunstâncias que nos cercam. Também é necessário reconhecer que não estamos no centro do mundo e que precisamos do outro, seja este outro o cliente, o fornecedor, o time de vendas, o marido, os filhos, os amigos, os vizinhos. Com a mesma intensidade que desejamos ser ouvidas, compreendidas e respeitadas, precisamos nos dedicar a ouvir, respeitar e compreender o outro.

Assumir o controle da própria vida não significa descartar as pessoas ao seu redor. Passa, porém, por entender que algumas habilidades podem ser desenvolvidas e que você não precisa nem pode se colocar à mercê dos outros. Ninguém deve isentar ninguém da responsabilidade que as pessoas têm sobre aquilo que promovem em sua vida, mas se concentrar em encontrar culpados coloca qualquer um na posição de vítima e rouba sua autonomia sobre como vai tocar a vida, apesar do que fizeram.

No mundo dos negócios, não podemos perder tempo esperando que o outro reconheça que errou. É preciso analisar as situações e encontrar uma solução viável para elas.

Já ouviu falar na síndrome de Gabriela? "Eu nasci assim, eu cresci assim, eu sou mesmo assim, vou ser sempre assim. Gabriela, sempre Gabriela."[21] É o que chamamos de *mindset* fixo e representa a principal barreira para seu crescimento pessoal e profissional.

ESTOU NO CONTROLE

Muitos empreendedores que não conseguiram prosperar em seus negócios colocam a responsabilidade disso no cliente, no mercado, no governo, e afirmam ser impossível empreender no Brasil. Porque as taxas são altas, os juros são enormes e a economia é instável. Se você se identifica com esse perfil, saiba que está na contramão do sucesso.

Escreva as áreas de seu negócio das quais você ainda não assumiu o controle e o que pode fazer para solucionar isso.

POR QUE ESTOU ME SENTINDO ASSIM?

Suas emoções são manifestações de seus pensamentos. Não, você não pode controlar suas emoções, mas pode escolher seus pensamentos. Assim, pensamentos proativos, elevados, criam emoções positivas, que a levam a praticar as ações assertivas a fim de alcançar os resultados esperados.

De igual forma, pensamentos reativos geram emoções corrosivas, tóxicas, que vão bloquear, adiar ou prejudicar o desenvolvimento das ações necessárias para alcançar os resultados que você almeja. Pessoas com mentalidade reativa são afetadas por circunstâncias, sentimentos, condições e até por outras pessoas. Se o tempo está bom, se o cônjuge está de bom humor, se o pneu furou, elas se sentem insatisfeitas, irritadas, vitimizadas e reclamam da vida. São capazes de se deixar afetar por coisas tão pequenas e insignificantes que perdem tempo, perdem oportunidades, deixam de realizar sonhos, chegam a destruir relacionamentos, de tanto se concentrarem em detalhes irrelevantes.

Pessoas proativas, por sua vez, são guiadas por princípios e não se importam com as variáveis, escolhem responder aos estímulos externos com base nesses princípios, não com base em reações momentâneas ou emoções.

Há uma frase atribuída ao cientista Albert Einstein: "Nós não podemos resolver um problema com o mesmo estado mental que o criou".[22] Ou seja, renove o *mindset* para resolver desafios, porque, se determinada mentalidade nos conduziu a um resultado indesejado, não há como alcançar outro usando o mesmo *mindset*. Você é dotada de criatividade para encontrar dentro de si as respostas que já estão lá muito antes de as perguntas serem feitas. Use isso para identificar possibilidades e soluções.

Você se vê como uma pessoa proativa ou reativa? Por quê?

Pergunte às pessoas envolvidas em seu negócio se elas a consideram proativa ou reativa. Peça que justifiquem essa visão.

---

[22] ARAÚJO, R. Administração; por que as mudanças? "Nós não podemos resolver um problema com o mesmo estado mental que o criou."(Albert Einstein). Disponível em: https://pt.linkedin.com/pulse/administração-por-que-mudanças-nós-não-podemos-resolver-araújo. Acesso em: 20 set. 2023.

SE QUISER SE DESTACAR NO MERCADO EMPREENDEDOR, VOCÊ PRECISA SER UMA AGENTE ATIVA DE SUA TRANSFORMAÇÃO!

@MARCIA

COMO MUDAR MEUS RESULTADOS

Seus resultados são frutos de suas ações. Estas são construídas a partir de suas emoções, que são geradas em seus pensamentos. Logo, se quer mudar os resultados, precisa mudar seu *mindset*.

ATENDIMENTO HUMANIZADO

Quantas vezes você já deixou de comprar um produto ou contratar um serviço por não receber bom atendimento? Para muitas pessoas, o tratamento que recebem de empresas é fator decisivo para fechar uma compra. Por isso, uma das grandes tendências do mercado é oferecer ao cliente um atendimento humanizado.

Atendimento humanizado é o tratamento atencioso, pautado no diálogo e na compreensão das dores dos clientes, que visa a resolver as solicitações deles, com respostas cordiais e acolhedoras.

Veja a seguir em que áreas do seu empreendimento você pode aplicar o atendimento humanizado e como fazer isso?

- **TREINE A EQUIPE PARA ATENDER COM EMPATIA**
  SEUS COLABORADORES SÃO O CARTÃO DE VISITA DE SEU EMPREENDIMENTO. O TREINAMENTO DELES PARA O ATENDIMENTO HUMANIZADO TAMBÉM É ESSENCIAL.

- **OFEREÇA TRATAMENTO PERSONALIZADO**
  QUANTO MAIS PERSONALIZADO FOR O ATENDIMENTO, MAIORES AS CHANCES DE UM CLIENTE FICAR SATISFEITO. AFINAL, NINGUÉM GOSTA DE TRATAMENTOS MECÂNICOS E RESPOSTAS PRONTAS.

- **TREINE A EQUIPE PARA A PROATIVIDADE**
  UMA POLÍTICA DE PROATIVIDADE SE INICIA NA LIDERANÇA, ALCANÇA OS COLABORADORES E ENCANTA O CLIENTE.

- **SEJA TRANSPARENTE**
  UM GRANDE ERRO POR PARTE DAS EMPRESAS É NÃO SER TRANSPA-

RENTE NA COMUNICAÇÃO COM O PÚBLICO, PRINCIPALMENTE QUANDO O ATENDIMENTO AO CLIENTE DEVE RESOLVER ALGUM PROBLEMA.

- *SIGA PRINCÍPIOS ÉTICOS*
UM BOM ATENDIMENTO HUMANIZADO, ASSIM COMO QUALQUER RELAÇÃO PROFISSIONAL, DEVE RESPEITAR E SEGUIR PRINCÍPIOS ÉTICOS. ESSE CUIDADO PRECISA SE ESTENDER À EQUIPE.

- *OFEREÇA ATENDIMENTO RÁPIDO*
NINGUÉM GOSTA DE FICAR ESPERANDO PARA SER ATENDIDO, SOBRETUDO QUANDO PRECISAMOS DE ALGUMA SOLUÇÃO URGENTE.

- *APOSTE NO PÓS-VENDAS E NO SUCESSO DO CLIENTE*
UM ATENDIMENTO HUMANIZADO DEVE GARANTIR O SUCESSO DO CLIENTE. LOGO, NÃO FIQUE ESPERANDO OS CLIENTES ENTRAREM EM CONTATO APÓS A MÁ EXPERIÊNCIA. UM BOM TRATAMENTO PÓS-VENDAS É CAPAZ DE REVERTER SITUAÇÕES RUINS E ATÉ MESMO FIDELIZAR CLIENTES.
CUIDE TAMBÉM DOS COLABORADORES, OFERECENDO BOAS CONDIÇÕES DE TRABALHO, ALÉM DE BENEFÍCIOS E OPORTUNIDADE DE DESENVOLVIMENTO CONTÍNUO.

- *RESULTADOS SEMPRE*
NO MODELO DE GESTÃO COM FOCO EM RESULTADOS, O QUE IMPORTA É AONDE A EMPRESA QUER CHEGAR.

- *REVISE SEUS OBJETIVOS*
SISTEMATICAMENTE, REVISE E ATUALIZE, SE NECESSÁRIO, SEUS OBJETIVOS. NÃO TENHA COMPROMISSO COM O ERRO.

- *DEFINA NOVOS OBJETIVOS PARA COLABORADORES*
A REVISÃO DOS OBJETIVOS É NECESSÁRIA SEMPRE QUE VOCÊ QUISER MUDAR O SEU ALVO. TANTO O CLIENTE QUANTO A EQUIPE PRECISAM SER OS PRIMEIROS A SABER DISSO.

- **MONITORE OS PROCESSOS**
  JÁ OUVIU FALAR QUE O OLHO DO DONO É QUE ENGORDA O GADO? TOME CONTA DE TODOS OS PROCESSOS DE SEU EMPREENDIMENTO.

- **AVALIE O DESEMPENHO**
  É PRECISO MENSURAR RESULTADOS CONSTANTEMENTE E REVER ESTRATÉGIAS PARA EVOLUIR. UMA FORMA SIMPLES DE COMEÇAR É IMPLEMENTANDO UM CONTROLE BÁSICO DOS RESULTADOS DIÁRIOS, ANOTANDO TUDO QUE PRETENDE FAZER NO DIA E INDICANDO O QUE CONSEGUIU OU NÃO CUMPRIR. FAÇA ISSO POR DEZ DIAS.
  MENSURE QUE PORCENTAGEM DOS ITENS ANOTADOS POR VOCÊ FOI REALIZADA POR COMPLETO. SE SEU RESULTADO FOR INFERIOR A 80%, COM CERTEZA VOCÊ ESTÁ DESPERDIÇANDO SUA CAPACIDADE.

VOCÊ É DOTADA
DE CRIATIVIDADE
PARA ENCONTRAR
DENTRO DE SI AS
RESPOSTAS QUE
JÁ ESTÃO
LÁ MUITO ANTES
DE AS PERGUNTAS
SEREM FEITAS.

@MARCIAALVES

CAPÍTULO 6

Maria das Graças

> **O** EMPODERAMENTO FEMININO NÃO É BENÉFICO SÓ PARA A MULHER. A MULHER EMPODERADA TEM UMA GENEROSIDADE LATENTE. MULHER SE REALIZA EM COMPARTILHAR SABERES E, EM SEU APRENDIZADO, ELA GERA BENEFÍCIOS PARA TODOS AO REDOR!
>
> (MESTRA EMÍLIA)

O poder do *storytelling*

Todo mundo gosta de histórias. Histórias têm o poder de mudar a vida das pessoas. Você deve se lembrar do programa infantil *Rá Tim Bum*, da TV Cultura, e sua irresistível chamada "Senta que lá vem a história" – ela convencia até os adultos a fazerem uma pausa. Histórias nos conectam com o outro, e no outro reconhecemos a nós mesmos.

Em 2011, a operadora de telefonia Vivo lançou um vídeo com a história de "Eduardo e Mônica", conhecido casal da canção de Renato Russo, cantada pelo grupo Legião Urbana. A ação estava alinhada ao posicionamento da marca – "O amor nos conecta; a conexão transforma" –, que norteou a comunicação da empresa naquele ano. A estratégia de conectar pessoas com uma história romântica deu certo nas primeiras 24 horas após o lançamento, o vídeo teve 1,8 milhão de visualizações. Você pode assistir acessando o QR Code a seguir.

A técnica narrativa usada pela Vivo foi o *storytelling*, que, numa tradução simples, significa "contar histórias". Ao longo dos anos, esse conceito transformou-se em uma poderosa ferramenta de marketing para aproximar as marcas e seus públicos.

Em tempos de excesso de informações, fica cada vez mais difícil captar a atenção do cliente. Nesse contexto, definitivamente, contar histórias é uma forma de atrair a atenção das pessoas. Já viu como tem gente que logo se aproxima das rodinhas de conversa para saber do que estão falando? É também por isso que os *stories* e *reels* do Instagram e o TikTok geram tanto engajamento.

Assim como contar boas histórias não é privilégio de poucos, o *storytelling* também não é um recurso que funciona apenas com grandes marcas. Declarar amor pelos produtos e por seus consumidores através de narrativas é uma excelente forma de interação, que pode ser utilizada por mim e por você. Nas vendas, isso se dá com o objetivo de criar uma conexão com os clientes, fazendo com que se sintam parte da história, como personagens. Com isso, é possível gerar mais identificação com o produto ou serviço – lembremos que as pessoas não se conectam com "coisas", mas com outras pessoas.

Você já pensou em contar sua história como forma de agregar valor a seu produto ou serviço? Resgatar sua história de vida, as experiências que teve, as pessoas que conheceu e os lugares que frequentou pode ser uma grande oportunidade de agregar a seu negócio mais significado e valor, relembrando, por meio de seu empreendimento, momentos bons que viveu ou problemas que enfrentou.

Ao preparar sua narrativa, pense nos três componentes do *storytellings*: eu, nós e o chamado. Vou explicar cada um deles e, como exemplo, aproveito uma apresentação de *TDEx*, de Richard Turere, garoto de onze anos que inventou um sistema de iluminação movido a energia solar que hoje sustenta centenas de casas em Massai, na África. Assista ao filme usando o QR Code a seguir.

PRIMEIRA PARTE: EU

Situe-se na narrativa, começando sempre por algum evento importante em sua vida. Encontre na história o momento exato que explica a origem de suas ideias – uma dor, uma necessidade, um problema a resolver. Não esqueça o detalhe fundamental: seja verdadeiro!

Vivo no Quênia, na parte sul do Parque Nacional de Nairóbi. O parque não está totalmente fechado, o que quer dizer que animais selvagens saem de lá livremente. Por exemplo, predadores, como os leões. Eles matam nosso gado. Certo dia, um deles matou o único touro que minha família tinha. Na comunidade, um garoto de sete a nove anos é responsável por cuidar do gado da família. Era eu que fazia isso. Então, eu precisava resolver aquele problema.

Depois de algumas tentativas fracassadas, percebi que os animais tinham medo de luzes em movimento. Usando uma bateria velha e lâmpadas de um carro, criei um sistema que piscava aleatória e intermitentemente à noite, e há dois anos não temos mais problemas com os leões.

SEGUNDA PARTE: NÓS

A segunda parte, "nós", serve para criar empatia. É quando se incluem outras pessoas na história, ajudando, atrapalhando, completando. Neste momento, temos um encontro do empreendedor com as pessoas que ouvem seu relato, que se identificam com elementos da história.

Logo meus vizinhos ficaram sabendo do invento. E uma avó, que também tinha problemas com leões, me pediu que instalasse aquelas luzes na casa dela. Na aldeia, cheguei a montar as luzes em sete casas, e agora elas são usadas em todo o Quênia.

TERCEIRA PARTE: O CHAMADO

A terceira parte é sempre um chamado à ação, o momento da conexão do "eu" com o "nós" com uma causa, um propósito, uma ligação que vai despertar um significado para o serviço ou negócio – no mundo da publicidade, o desejo do consumidor de ter determinado produto.

Por minha invenção, recebi uma bolsa para estudar na melhor escola do Quênia. Levei meus amigos até a aldeia e eu os ensinei a instalar as luzes.
Então, se um ano atrás eu era apenas um menino nos pastos da savana, pastoreando o gado da família, vendo aviões no céu, eu disse a mim mesmo que um dia eu estaria lá, dentro de um avião. E aqui estou. Tive a oportunidade de voar de avião, pela primeira vez, para o TED. Meu maior sonho é me tornar engenheiro aeronáutico e piloto.

Se eu estivesse lá e ouvisse a apresentação de Turere, com certeza estaria disposta a investir no projeto dele. Viu como ele captou minha empatia? E você... como vai contar sua história para agregar valor a seu produto ou seu serviço?

Um modelo clássico de *storytelling* é a **jornada do herói**.[23] Nele, você conta uma história em doze passos: o mundo comum; o chamado à aventura; a recusa do chamado; o encontro com o mentor; a travessia do primeiro limiar; provas, aliados e inimigos; aproximação da caverna oculta; a provação suprema; a recompensa; o caminho de volta; a ressurreição; e o retorno com o elixir.

---

[23] VIEIRA, D. **Jornada do herói**: 12 etapas para contar uma história impecável. Disponível em: https://rockcontent.com/br/talent-blog/jornada-do-heroi/. Acesso em: 20 set. 2023.

Vou mostrar essa técnica com o exemplo de duas empresárias de sucesso que mentorei: Lindalva e Paulynne. No primeiro caso, indico cada um dos doze passos. No segundo, deixarei você mesma fazer isso. Então, "senta que lá vem a história".

LINDALVA DIAS DOS SANTOS

> 66

1. O MUNDO COMUM

Nasci e me criei em uma pequena cidade (Pocinhos, PB). Estudava e ensinava no colégio municipal Padre Galvão. Meus primeiros relacionamentos foram com a família e com colegas, amigos, vizinhança. Sempre trabalhei, mas quando fui mãe optei por me dedicar a meus filhos e assim me mantive durante 23 anos.

2. O CHAMADO À AVENTURA

Quando me divorciei, decidi que era hora de voltar a trabalhar.

3. A RECUSA DO CHAMADO

Enfrentei muitos medos: medo de não acertar e de vacilar, pois, enfim, sou tão pouca coisa... Era insegurança, mas eu nunca desisto de nada.

4. O ENCONTRO COM O MENTOR

O que sempre me ajuda a enfrentar os obstáculos é a fé em Deus e saber que não estou só. Gosto de desafios. Se posso dar um conselho para quem quer realizar qualquer tarefa, é: não desista e procure pessoas capazes e experientes para uma boa parceria. Ninguém consegue nada sozinho.

DECLARAR AMOR PELOS PRODUTOS E POR SEUS CONSUMIDORES ATRAVÉS DE NARRATIVAS É UMA EXCELENTE FORMA DE INTERAÇÃO, QUE PODE SER UTILIZADA POR VOCÊ.

@MARCIAALVES

5. A TRAVESSIA DO PRIMEIRO LIMIAR

Não nascemos prontos para nada. Tudo depende de como você se prepara e adquire os conhecimentos e os meios necessários para "focar" seu negócio. Se você tem alguma aptidão, ótimo, junte o útil ao agradável, lembrando, claro, que tudo vai depender de seu esforço. O ser humano é uma caixa de surpresas, vai descobrindo seu potencial à medida que se prepara (junta conhecimentos) e os aplica a depender da ocasião.

6. PROVAS, ALIADOS E INIMIGOS

As pessoas que sempre estiveram diretamente a meu lado foram meus filhos Renato e João Pedro. Desafios, nós os enfrentamos diariamente.

7. APROXIMAÇÃO DA CAVERNA SECRETA

Nunca duvidei de minha capacidade de ir à luta, mas sempre mantive ao lado algumas pessoas que acreditavam em mim.

8. A PROVAÇÃO SUPREMA

Um grande desafio e o melhor acerto foi colocar meu filho, João Pedro, para administrar a empresa; apesar de muito jovem, ele se mostrou um grande administrador. Essa atitude foi a virada de chave para uma grande transformação e o sucesso de nosso negócio.

9. A RECOMPENSA

Minha maior recompensa é a certeza de que a empresa está em boas mãos e terá um longo futuro, servindo de exemplo para muita gente.

10. O CAMINHO DE VOLTA

Eu me relaciono com as pessoas como sempre me relacionei, o sucesso que tento alcançar é manter meu trabalho; nesse caminho, nada do que conquistei influenciou ou mudou minha essência. E não acho que mudei tanto, apenas me tornei mais experiente; os lugares, os momentos e as pessoas não permaneceram os mesmos, tudo muda, nada permanece igual. O bonito de viver é saber que o que o temos é o agora, o que ficou pra trás já é passado e o futuro não nos pertence.

11. A RESSURREIÇÃO

Nunca me autossabotei. O pensamento positivo é muito importante para seguir em frente. Se nem eu acreditar em mim, como vou passar confiança?

12. O RETORNO COM O ELIXIR

Nada na vida será como antes, hoje você já não é o mesmo de ontem. Se fiz algo que jamais será esquecido, não sei. Se tem algo de que gosto não é de fama; o que me faz feliz é saber que de alguma maneira ajudei alguém a ser melhor e a agir com dignidade. O legado que gostaria de deixar para minha descendência é um pensamento de Jean-Paul Sartre: "Os ideais são como as estrelas: nunca as alcançaremos. Porém, assim como os marinheiros em alto-mar, traçaremos nossos caminhos seguindo-as". Carrego essa mensagem de persistência e é isso o que eu gostaria de transmitir às pessoas: que nunca parem de sonhar.

PAULYNNE COIMBRA SANTOS SILVA

"

Morei em Teresina durante dezoito anos, me formei em Química pela UFPI em 2007 e por sete anos exerci minha profissão, sempre trabalhando com controle de qualidade. Em 2012, prestei vestibular para arquitetura, curso que concluí em 2016. Trabalhei como química até a metade da nova faculdade, quando engravidei. Com o nascimento da minha primeira filha, passei a me dedicar apenas ao curso e aos cuidados de mãe.

Em 2017 fui contratada pela prefeitura do município como arquiteta, à frente de reformas e construção de escolas. Trabalhei na Secretaria de Obras do município por três anos e, durante esse período, tive meu segundo filho. Voltando da licença-maternidade, meu antigo chefe fez uma brincadeira de cunho machista que muito me aborreceu e me levou a deixar aquele ambiente de trabalho e me dedicar a meu próprio escritório.

Além disso, busquei trabalhar para o município, por acreditar que poderia contribuir para o desenvolvimento e a melhoria das condições urbanas daqui. Porém, descobri que na "vida real" não se trabalha direito em nenhum lugar quando não há alinhamento das expectativas dos demais integrantes da equipe. Se o gestor não tem uma visão alinhada com a daqueles que compõem a equipe, é bem pouco provável que atinjam objetivos em comum.

Então decidi traçar meu próprio caminho e me aperfeiçoar naquilo que mais me motivava: projetar e dar soluções para as dores de possíveis clientes. Tive medo de não conseguir oportunidades de trabalho dentro de minhas profissões! Medo de fracassar ou não conseguir me destacar no ambiente de trabalho.

Não sou a pessoa mais organizada financeiramente, acabo gastando mais do que ganho! Então tive medo de que me faltasse recursos, ou de que estes fossem limitados insuficientes para honrar meus compromissos. Sou impulsiva, por vezes imediatista, e um tanto inconsequente, o que acaba me custando caro. Mas nunca desisto! Ao mesmo tempo, já precisei "pivotar" a forma de pensar ou recalcular a rota várias vezes! Já mudei completamente de profissão e ramo de atuação por acreditar que a atividade que eu desenvolvia não me levaria a conquistar o que tanto almejo: uma vida financeira confortável para mim e minha família e desfrutar com saúde de tudo que meu dinheiro possa comprar.

Meu otimismo e meu desejo de crescer e me destacar sempre foram maiores que meus medos. Eu me inspiro no pioneirismo de muitas mulheres ao redor e mundo afora. Apesar dos desafios enfrentados por nós, mulheres, quando decidimos nos destacar em áreas antes ocupadas exclusivamente por homens, sinto-me motivada a provar que sou capaz!

Acredito que o otimismo e a determinação fazem parte de minha personalidade e são também reflexo da criação que recebi de meus pais, que sempre me incentivaram a ser independente e a sonhar grande.

Quando deixei de ver oportunidade de crescer no ambiente onde trabalhava e me senti desvalorizada apesar do trabalho que vinha desenvolvendo, eu buscava ser reconhecida por meu esforço, meu trabalho e minhas qualidades. O fato de isso não ter acontecido a contento me deixou desconfortável e me serviu de estímulo para buscar novos rumos, apesar de entender que empreender seria muito desafiador para alguém como eu, que até então não tinha noção de administração e de tudo que isso representava.

Nesse período, meus pais, meu esposo e meu irmão sempre me serviram de esteio! E o desafio de desbravar um mercado novo, com uma nova profissão e tendo a oportunidade de me sobressair no município onde nasci, me motivou a enfrentar e transpor os obstáculos que estavam por vir.

Certa vez ouvi de meu irmão que não era possível viver de projeto em Codó, pequena cidade do interior do Maranhão, onde a grande maioria da população constrói com mestres de obra e não se tem a cultura do profissional de arquitetura nem de pagar por esse serviço.

Essas palavras foram, para mim, naquele dia, como um soco na boca do estômago. Será que minha escolha era tão ruim assim? Mudar de carreira, começar do zero, com esse cenário tão desafiador logo no início? Eu quase me deixei envolver por uma crença limitante: as pessoas não estão dispostas a pagar pelo trabalho de um arquiteto, que seria, nessa região, tido como algo dispensável

Mas eu parei e me lembrei de uma máxima: "Sempre haverá espaço para a serenidade quando as tristezas nos acometerem. É nesse porto seguro que devemos repousar, para que as atitudes e as decisões fluam sem tantas dores, marcas... cicatrizes". Respirei fundo e passei a buscar conhecimentos sobre gestão, sobre como administrar um escritório de arquitetura, branding e tantos outros aspectos até então negligenciados. E continuo nessa batalha a fim de melhorar e, com isso, atingir meus objetivos.

Afinal, recomeçar é sempre um desafio. No meu caso, desbravar um novo mercado de trabalho, voltar a morar numa cidade do interior, ainda que seja minha terra natal, ter de me desdobrar enquanto mãe, esposa e profissional foram os maiores desafios.

Mas sempre tive uma rede de apoio: meus pais e dois anjos que me ajudam até hoje com a casa e com as crianças. Hoje posso dizer que já avancei bastante, mas ainda há muito mercado a ser desbravado. Contudo, sinto-me apta para os novos desafios.

Conquistei muitos bens materiais, realizei dois sonhos importantes e hoje já consigo pagar pelo trabalho de uma colaboradora e dois estagiários. Atualmente estudo uma maneira de ter meu escritório em um terreno maior e com mais conforto para os clientes, além de nutrir o sonho de fazer minha primeira viagem internacional, como presente de aniversário de quarenta anos.

Hoje entendo que todos temos limitações e ambições diferentes e tudo só acontece para quem busca ou tem os planos coincidindo com os planos de Deus. Sei que me saboto sempre que cedo a meus desejos e deixo de fazer o que sei que é o correto ou melhor pra mim.

Nunca quebrei, mas tenho medo! Medo de não conseguir arcar com minhas responsabilidades financeiras, pois não possuo reserva de emergência e não tenho o hábito saudável de poupar.

Ainda assim, meu amadurecimento emocional me faz acreditar que estou no caminho certo e que estou construindo um legado sólido é legítimo! Trabalho para crescer e fidelizar minha lista de clientes – são eles, aliás, que garantirão a permanência de meu escritório no mercado local e que vão me projetar para novos horizontes.

Conseguiu perceber os 12 passos da Jornada do Herói nas histórias que apresentei a você? Se ainda não, experimente fazer isso no seu cotidiano, nas histórias que você ouvir ou ler.

Escolhi essas duas histórias, de mulheres em diferentes momentos do empreendedorismo, para mostrar que, independentemente de em que ponto você esteja, o *storytelling* pode tornar seu conteúdo relevante para quem escuta, pois ele é capaz de encantar o interlocutor – afinal, o que realmente importa é a jornada.

A partir de agora você poderá aplicar essa estrutura de contação de história em diversas áreas da sua empresa: na publicidade, na comunicação da marca, nas vendas, na captação de investimento... uma boa narrativa é capaz de mover montanhas, e você, com sua força Maria, com certeza tem belíssimos episódios para compartilhar.

CAPÍTULO 7

Maria
MEI

ÀS SEIS DA TARDE
AS MULHERES CHORAVAM
NO BANHEIRO.

NÃO CHORAVAM POR ISSO
OU POR AQUILO
CHORAVAM PORQUE O PRANTO SUBIA
GARGANTA ACIMA
MESMO SE OS FILHOS CRESCIAM
COM BOA SAÚDE
SE HAVIA COMIDA NO FOGO
E SE O MARIDO LHES DAVA
DO BOM
E DO MELHOR
CHORAVAM PORQUE NO CÉU
ALÉM DO BASCULANTE
O DIA SE PUNHA
PORQUE UMA ÂNSIA
UMA DOR
UMA GASTURA
ERA SÓ O QUE SOBRAVA
DOS SEUS SONHOS.

AGORA
ÀS SEIS DA TARDE
AS MULHERES REGRESSAM DO TRABALHO
O DIA SE PÕE
OS FILHOS CRESCEM
O FOGO ESPERA
E ELAS NÃO PODEM
NÃO QUEREM
CHORAR NA CONDUÇÃO.

("ÀS SEIS DA TARDE", MARINA COLASSANTI)

Você também pode prosperar

Na novela *A dona do pedaço*, transmitida em 2019, a atriz Juliana Paes interpretou a personagem Maria da Paz. Grávida, sem emprego e longe da família, após incentivo de um vizinho, Maria da Paz começou a fazer bolos para se sustentar. Ela começou vendendo as receitas que aprendeu com a avó, mas, ao perceber as necessidades do público, logo se prontificou a fazer bolos de outros sabores. O negócio cresceu e deu tão certo que ela se tornou dona de uma bem-sucedida rede de doces.

O que talvez você não saiba é que os bolos usados na fase inicial da novela e que a protagonista vendia nas ruas de São Paulo não eram falsos. Isso mesmo, não era apenas cenário; os bolos eram da premiada doceria Bolo à Toa, que ganhou o título de "melhor bolo caseiro" da região pela edição especial do prêmio *Veja Comer & Beber* de 2013.[24]

A doceria Bolo à Toa tem uma história semelhante à de Maria da Paz. Neta de mineira, nascida em Araçatuba, interior de São Paulo, Renata Grosso Frioli cresceu aprendendo com a avó a arte da culinária. Renata é do tipo que "prende pelo estômago" e, cozinheira de mão cheia, como administradora de empresas decidiu partir para uma doce e nova carreira: abrir uma loja, servir as receitas de família e o sabor de sua infância, da casa de sua avó.

Tempos depois, quando perguntaram a Juliana Paes se ela era "a dona do pedaço", ela respondeu: "Nunca! A dona do pedaço está em cada mulher brasileira, que não tem medo de ir à luta, que não tem medo de buscar seu espaço, que tem que deixar o filho em casa e ir trabalhar". Pois é! Ela estava falando de mim, de você e de centenas de outras Marias que buscam no empreendedorismo uma saída para ganhar a vida. Maria da Paz estava desempregada, e você não deve esperar que isso aconteça para começar a empreender.

Eu sei que empreender é desafiante, mas você precisa estar aberta para assumir uma nova postura sempre que necessário. A pande-

---

[24] VEJA Rio. **Bolo à toa**. Disponível em: https://vejario.abril.com.br/estabelecimento/bolo-a-toa. Acesso em: 20 set. 2023.

mia escancarou isso. Enquanto o mundo passava por um processo de readaptação, usei as redes sociais para alavancar vendas e unir comerciantes de Timbaúba e cidades circunvizinhas. Também criei a imersão CDL, projeto para ajudar empresários e suas equipes a fazer diferente.

Eu nunca aceitei que as circunstâncias determinassem meus resultados. E sei que você pode fazer o mesmo – ou até melhor!

Abrace uma etapa por vez e vá crescendo no seu ritmo!

Desde a primeira página deste livro, eu a preparei para enfrentar e vencer os desafios do empreendedorismo feminino. Agora é com você! Antes de soltar sua mão e dizer que "vá em frente", porém, gostaria de compartilhar um segredo: eu não sou uma máquina.

CERTO DIA, UM POBRE FAZENDEIRO DESCOBRE UM OVO DE OURO NO NINHO DE UMA DE SUAS GALINHAS.

ELE MAL PODIA ACREDITAR NA SORTE QUE TEVE. PORÉM, GANANCIOSO E IMPACIENTE PARA FICAR MILIONÁRIO, DECIDE MATAR A GALINHA PARA OBTER TODOS OS OVOS DE UMA SÓ VEZ.

PARA SUA DECEPÇÃO, AO ABRIR O CORPO DA AVE, NÃO HAVIA NADA ALÉM DO QUE É COMUM EM TODA GALINHA.

(ESOPO)

Um de meus livros de cabeceira é *Os sete hábitos das pessoas altamente eficazes*.[25] Nele, o autor Stephen Covey formulou a teoria da

---

[25] COVEY, S. **Os 7 hábitos das pessoas altamente eficazes**. Rio de Janeiro: BestSeller, 2007.

eficácia a partir dessa fábula de Esopo, mostrando a necessidade de um equilíbrio entre a existência dos ovos de ouro e a capacidade de produção da galinha. O fazendeiro da fábula, pobre, ganancioso e impaciente, ignorou que riqueza que ele buscava dependia da harmonia entre o que o animal produzia (ovos de ouro) e sua capacidade de produzi-los.

Trazendo esse ensinamento para meu dia a dia, entendi que, se eu trabalhasse acima de minha capacidade, de minha saúde, eu me esgotaria. Da mesma forma que, se produzisse abaixo, eu desperdiçaria tempo.

Para alcançar um equilíbrio, Covey em seu livro sugere o desenvolvimento de sete hábitos praticados por pessoas altamente eficazes. Aqui, de minha parte, quero ajudá-la a desenvolver, assim como eu fiz, hábitos de empreendedorismo e autocuidado que a mantenham na energia adequada para produzir tudo de que precisa.

Já estamos acostumadas a fazer sacrifícios, a estrada é mesmo sinuosa, mas é preciso cuidar para chegar inteira ao fim da rota, para comemorarmos nossas conquistas com qualidade.

Haja sempre conscientemente

Todas as Marias são donas de si, essa característica faz parte de nosso DNA; no entanto, é importante ter consciência do que temos sob controle e do que, infelizmente, não podemos dominar. Isso evita autocobranças e arrependimentos desnecessários na jornada. Portanto, tenha clareza e discernimento disso em todas as situações que se apresentarem.

É importante, também, ter consciência do modo como você se comunica com os outros e com si mesma – afinal, uma palavra pode encantar ou arrasar com uma conversa em questão de segundos. Mostrar-se solícita, positiva, aberta a resolver situações de conflito da melhor maneira possível é uma atitude-chave para atrair a preferência da clientela e de mudar sua forma de lidar com a vida. Lembra que vimos que pessoas reativas se fecham para muitas oportunidades?

O MODO COMO VOCÊ DESENVOLVE O CARÁTER DE INTERDEPENDÊNCIA COM O MERCADO É O QUE FAZ A DIFERENÇA NUM NEGÓCIO PRÓSPERO.

@MARCIAALVES

Linguagem reativa	Linguagem proativa
Não há nada a fazer.	Vamos procurar alternativas.
Isso me deixa louca.	Posso lidar com essa situação.
Tenho de fazer isso.	Encontrarei uma solução apropriada.
Não posso.	Eu escolho.
Eu preciso.	Eu prefiro.
As coisas estão ficando difíceis.	O que fazer para melhorar?

Agora é sua vez. Liste frases e expressões reativas que você costuma usar e elabore uma alternativa.

Linguagem reativa	Linguagem proativa

Tenha em mente que tudo que você pensar, disser e fizer será a favor ou contra seu progresso, então foque o crescimento e a evolução. Nessa pegada, é importante sempre agir consciente de seus objetivos. Afinal, para quem não sabe aonde vai, qualquer caminho serve, como disse Lewis Carroll, autor de *Alice no país das maravilhas*.

Qual é seu principal objetivo como empreendedora?

Qual é o principal objetivo de seu empreendimento?

Agora que temos consciência de nossa responsabilidade e do que desejamos conquistar, é importante eliminar uma enorme pedra no caminho: as desculpas!

Quando definimos nossos objetivos, aparecem infinitas atividades e obrigações que precisam ser realizadas, e junto vem a famigerada desculpa: é muito difícil, é complicado, não tenho dinheiro, agora não posso priorizar isso... Lembre-se, porém, de que as pequenas impossibilidades nos cegam a diversas outras atitudes que deveriam ser executadas enquanto nos planejamos para as que não podemos assumir de imediato.

Atente-se à lição: nunca coloque o carro antes dos bois. Ao traçar seus objetivos, defina o que é mais importante, assim você terá atitudes e ações mais acertadas e fugirá da estagnação causada pelo melindre da mente.

O que você precisa fazer, antes de tudo, como empreendedora?

_____

_____

_____

_____

_____

_____

_____

_____

O que fazer primeiro para ser empreendedora?

O que fazer primeiro para seu empreendimento?

Essa etapa inicial tira de nós as dúvidas e entrega a consciência e o direcionamento de que precisamos para nos movimentarmos na direção do que desejamos alcançar, ou seja, sairmos da estagnação e começarmos a dar, na medida do possível, pequenos passos rumo ao sucesso.

Conecte-se ao exterior com reciprocidade

Existem muitos mitos quando pensamos em empreendedorismo, e um deles é: para ser empreendedor você precisa tirar vantagem sobre os outros. Na verdade, com minha experiência, comprovei que só sobrevive no mercado, mantendo credibilidade e crescendo constantemente, quem age com reciprocidade como valor de todas as ações que decide tomar. O modo como você desenvolve o caráter de interdependência com o mercado é o que faz a diferença num negócio próspero.

Por mais que haja interesse em vender um produto ou oferecer um serviço, o outro lado tem interesse em adquirir por determinado valor essa mesma pauta; ou seja, a relação comercial é valiosa e importante para todas as pontas que dela participam. Assim, tenha em mente que todos devem sair ganhando na relação empreendedor-clientela. É necessário ter maturidade, respeitar seus valores e cuidar desse aspecto do longo do desenvolvimento de seu negócio. Para isso, é interessante pensar:

Como empreendedora, como oferecer uma situação favorável para todos os envolvidos?

Note que essa situação é válida para clientes, parceiros, sócios e colaboradores, assim como para prestadores de serviço. Ou seja, toda a cadeia precisa confiar no fato de seu trabalho ser justo e favorável.

Nesse sentido, é fundamental ouvir os demais. Afinal, quando escutamos as demandas alheias, podemos tomar decisões e oferecer produtos mais certeiros dentro do contexto e da necessidade. Assim, por mais que você queira fazer uma oferta, entenda, antes, se ela atende aos requisitos esperados.

A escuta empática é uma técnica que tira o ouvinte da posição passiva e distante para colocá-lo em uma posição de atenção e empatia. Como empreendedora, ouça o cliente, coloque-se no lugar dele, reconheça, respeite e entregue uma solução para a dor dele. Segue uma lista de ações que contribuem para o desenvolvimento da escuta empática.

- **Evite distrações, como o celular, ao negociar com o cliente.**
- **Foque as necessidades dele.**
- **Não apresse o cliente, deixe que ele diga o que precisa, no tempo de que necessitar.**
- **Observe a comunicação não verbal.**
- **Deixe o cliente à vontade.**
- **Faça perguntas para garantir que entendeu aquilo de que o cliente precisa.**

E, claro, esses aspectos valem para os outros níveis de relação que você tem em seu empreendimento. Podem ser usados, por exemplo, com funcionários.

Como a escuta empática pode ajudá-la como empreendedora?

_____

_____

_____

_____

_____

_____

_____

_____
_____
_____
_____
_____
_____
_____
_____
_____
_____
_____
_____
_____
_____
_____
_____
_____
_____
_____
_____

SÓ SOBREVIVE NO MERCADO, MANTENDO CREDIBILIDADE E CRESCENDO CONSTANTEMENTE, QUEM AGE COM RECIPROCIDADE COMO VALOR DE TODAS AS AÇÕES QUE DECIDE TOMAR.

@MARCIAALVES

**Como a escuta empática pode contribuir com
seu empreendimento?**

Como a escola em que eu pude contribuir com seu empreendimento?

Tenha em mente que o empreendedorismo bem-sucedido possui um elemento de extrema importância: a sinergia entre todos os envolvidos. Dessa maneira, quando você se dispõe a trabalhar em pé de igualdade, de modo justo, com parceiros e clientes, e atende da maneira que eles desejam ser atendidos, você cria um ambiente e um sistema em que tudo flui com mais facilidade, de modo orgânico e com mais leveza, trazendo melhores resultados para todos.

Promover um ambiente de cooperação pode facilitar muito o caminho, e mapear as maneiras de alimentar esse tipo de relacionamento é fundamental para estabelecer um plano de ação em prol de seu empreendimento.

Como a sinergia pode ajudá-la como empreendedora?

_____
_____
_____
_____
_____
_____
_____
_____
_____
_____

Como a sinergia pode contribuir com seu empreendimento?

Como cuidar de si?

É impressionante como sempre nos esquecemos de nós mesmas. São tantas as pontas para se atentar que o autocuidado fica de lado. Por isso, querida leitora, quero lhe dar apenas mais um conselho: você estará pronta para enfrentar todas as batalhas que aparecerem se nunca se esquecer de si mesma.

Maria é mãe, irmã, esposa, prima, sobrinha, colega, empreendedora. Sim! Mas também é Maria, mulher com necessidades e que segura tantas pontas, que precisa se cuidar para se manter de pé e bem. É comum ouvirmos histórias de Marias que, tão fortes, acabaram se perdendo, minguando... E eu quero vê-la com vigor, brilhando e resplandecendo por onde for!

Você precisa cuidar do corpo, da mente, de suas emoções e de seu espírito, porque o seu maior patrimônio é, sem nenhuma dúvida, você mesma! O empreendimento é um sistema integrado, que tem você no centro, abrange parceiros e clientes e se locomove em uma espiral crescente e expansiva. Portanto, para que tudo funcione e frutifique, o núcleo – você – precisa estar muito bem.

Sei que existe alguma coisinha que você precisa se comprometer a cuidar mais em si mesma. Podem ser as emoções, o sono, a alimentação, a religiosidade... Ou vários desses fatores combinados.

Portanto, defina objetivos e metas para cuidar de si:

_____

_____

_____

_____

Como cuidar de si?

Embora falemos o tempo todo, nos esquecemos de nós mesmas. São raras as vezes em que se presta atenção à autocuidado de lado. Por isso, querida leitora, quero lhe dar apenas mais um conselho: se é esta mulher que enfrenta tudo, as batalhas que aparecem, nunca se esqueça de si mesma.

Maria é mãe, mãe, esposa, prima, sobrinha, colega, empreendedora. Sim, ela também é Maria, mulher que precisa se cuidar. Seguir nesse ponto, que precisa se cuidar para si mesma no dia a dia. E tivemos olhares distintos de Marias que, tão ocupadas em se perder, minguaram... E o que o vi? E com você, brilhando e resplandecendo por onde foi?

Você precisa cuidar do corpo, da mente, de suas emoções e do seu espírito. Pratique o seu maior patrimônio e seja o senhor da tudo você mesma. O conhecimento é um saber... interior, que tem você no centro. A mente puro nós e o centro se renova em uma espiral crescente e espacial. Por fim, o nada que tudo inunda e fecunda: o amar — vale — precisa estar muito bem.

Ser que tem meninas e coisas que você precisa se comprometer a cuidar mais em si mesma. Podem se as emoções, o sono, a alimentação, a espiritualidade ou vários desses fatores combinados. Escreva aqui o que você irá mudar para cuidar de si.

_____
_____
_____
_____
_____
_____
_____
_____
_____
_____
_____
_____
_____
_____

VOCÊ ESTARÁ
PRONTA PARA
ENFRENTAR TODAS
AS BATALHAS QUE
APARECEREM
SE NUNCA SE
ESQUECER DE
SI MESMA.

VOCÊ ESTARÁ PRONTA PARA ENFRENTAR TODAS AS BATALHAS QUE APARECEREM SE NUNCA SE ESQUECER DE SI MESMA.

@MARCIAALVES

No centro!

Agora, sim, posso soltá-la, querida Maria, mulher empreendedora, com sangue quente e força de fazer acontecer! O mundo é seu! Claro que, com estratégia, discernimento e muita consciência de que, atrás de você, muitas outras mulheres se fortalecerão, se inspirarão e encontrarão, por sua história, forças para trilhar o caminho delas também.

Somos todas uma única força feminina pronta para arrebatar o mundo dos negócios, conquistar independência financeira e, finalmente, sermos donas de nós mesmas. E digo com propriedade que não há prazer maior no mundo do que ser autônoma para viver exatamente o que você deseja, da maneira que quer.

Seja MEI – O título deste livro foi criado a partir de um modelo de cadastro empresarial que acredito que você conheça.

MEI, OU MICROEMPRENDEDORA INDIVIDUAL

Criado em 2009 para tirar da informalidade profissionais autônomos e pequenos empreendedores, MEI é um modelo empresarial simplificado, com limite de faturamento anual, em 2023, de 81 mil reais.

É um tipo de empresa que se ajusta muito bem às necessidades de quem está começando a empreender. Ao se formalizar como MEI, você passa a ter um CNPJ, pode emitir notas fiscais e consegue acesso aos benefícios da Previdência Social. De quase 20 milhões de empresas ativas no Brasil, 70% são MEIs, sendo a maior parte prestadores de serviços.

Se está começando agora, porém, não se apresse em formalizar o empreendimento. Agende uma consulta no Sebrae de sua cidade e busque mais informações antes de dar esse passo.

MULHERES EMPREENDEDORAS INDEPENDENTES – Mais que o título deste livro, é a realização de um sonho. Uma semente brotou em meu aniversário de 42 anos, mas começou a frutificar em julho de 2022. Foi quando comecei meus primeiros planos. E foram tantos os desafios de lá pra cá... Eu poderia ter desistido, ter deixado de lado. Mas este livro nunca foi sobre mim; sempre foi sobre você. Ser empreendedora significa ser uma realizadora, ou seja, uma mulher capaz de produzir novas ideias com criatividade. E eu e você fazemos isso todos os dias, seja no lar, num emprego em regime CLT, seja no próprio negócio.

MARIAS EMPREENDEDORAS INDEPENDENTES – Esse é o verdadeiro propósito deste livro. Meu alvo é empoderar mulheres e ajudá-las a realizar sonhos, transformando suas vidas. Participo do movimento Mulheres do Brasil, que tem como presidenta Luiza Helena Trajano (Magazine Luiza) e estou engajada no núcleo de empreendedorismo feminino, desenvolvendo e empoderando futuras donas de negócios.

Eu e você sabemos que, durante o caminho, haverá desafios – isso não é segredo para ninguém. Ainda assim, não há motivo para pessimismo. Neste livro lhe entreguei o melhor de mim. Boa parte daquilo que estudei e aprendi com experiências de sucesso e de fracasso, entreguei a você. Eu fiz minha parte e desejo de coração que você se encha de ousadia e faça a sua.

Acredite em seus sonhos e no propósito de construir uma sociedade em que mulheres empreendedoras serão agentes efetivas de mudança – primeiro na própria vida, depois na vida das pessoas que amam e, por fim, na comunidade! Lembre-se de que "mais importante que suas qualidades ou habilidades, o que determina realmente QUEM VOCÊ É são suas ESCOLHAS!". **Escolha ser MEI!** Vamos que vamos!

Este livro foi impresso em papel
pólen bold 70 g/m² pela gráfica
Assahi em novembro de 2023.